Die Begründbarkeit der Diskursethik aus Sicht ihrer sprachanalytischen philosophischen Grundlage

Europäische Hochschulschriften

European University Studies

Publications Universitaires Européennes

Reihe II **Rechtswissenschaft**

Series II Law

Série II Droit

Band/Volume **5802**

Yuan-Chung Cheng

Die Begründbarkeit der Diskursethik aus Sicht ihrer sprachanalytischen philosophischen Grundlage

PL ACADEMIC RESEARCH

Bibliografische Information der Deutschen Nationalbibliothek
Die Deutsche Nationalbibliothek verzeichnet diese Publikation in der Deutschen Nationalbibliografie; detaillierte bibliografische Daten sind im Internet über http://dnb.d-nb.de abrufbar.

Zugl.: Kiel, Univ., Diss., 2015

D 8
ISSN 0531-7312
ISBN 978-3-631-66445-2 (Print)
E-ISBN 978-3-653-05623-5 (E-Book)
DOI 10.3726/978-3-653-05623-5

PL Academic Research ist ein Imprint der Peter Lang GmbH.
Peter Lang – Frankfurt am Main · Bern · Bruxelles · New York · Oxford · Warszawa · Wien

Diese Publikation wurde begutachtet.

www.peterlang.com

Inhaltsverzeichnis

1. Einleitung

Was unterscheidet die Diskursethik von anderen ethischen Theorien? Das unterscheidende Merkmal der Diskursethik ist der folgende Grundsatz von Jürgen Habermas: „D: Gültig sind genau die Handlungsnormen, denen alle möglicherweise Betroffenen als Teilnehmer an rationalen Diskursen zustimmen könnten.“[1], oder eine andere Formulierung von Robert Alexy: „Richtig und damit gültig sind genau die Normen, die in einem idealen Diskurs von jedem als richtig beurteilt werden würden“[2]. Dieser Grundsatz zeigt, wodurch einer Norm bei der Diskursethik die moralische Geltung zugesprochen wird.

Aber die Besonderheit der Diskursethik manifestiert sich nicht im Wortlaut dieses Grundsatzes. Ein solcher Grundsatz, wie die Diskursethiker betont haben, ist eine Übernahme der Kantschen moralischen Philosophie.[3] Das Eigene, das die Diskursethik hat, ist die sprachanalytische philosophische Begründung dieses Grundsatzes. Laut der Diskursethik gibt es einige Voraussetzungen in unserem allgemeinen Sprachgebrauch, die beim Sprachgebrauch bereits notwendigerweise von uns anerkannt werden und zu diesem Grundsatz führen können.[4] Auf diese Weise beansprucht die Diskursethik eine starke universale Notwendigkeit wie die Kantsche moralische Philosophie, beruht aber auf einer anderen Grundlage. Die Kernfragen zur Begründung der Diskursethik sind also, was diese Voraussetzungen sind, und wie diese Voraussetzungen nachgewiesen werden können.

Diese Voraussetzungen haben verschiedene Formulierungen.[5] Aus zwei Gründen empfiehlt es sich, von den von Alexy formulierten „Vernunftregeln“

---

1 Habermas, Faktizität und Geltung, S. 138. Diesen Grundsatz nennt Habermas das Diskursprinzip oder den diskursethischen Grundsatz (vgl. dazu Habermas, Begründungsprogramm, S. 76).

2 Alexy, Diskurstheorie und Menschenrechte, S. 131.

3 Habermas, Treffen Hegels Einwände gegen Kant auch die Diskursethik zu?, S. 11 f.; Alexy, Diskurstheorie und Menschenrechte, S. 127 ff.

4 Habermas, Begründungsprogramm, S. 102–104; Alexy, Diskurstheorie und Menschenrechte, S. 130 f. Wie diese Voraussetzungen zum Diskursprinzip führen können, ist, auch wenn man vom Begründungsproblem dieser Voraussetzungen absieht, nicht ohne Zweifel (vgl. dazu Engländer, Diskurs als Rechtsquelle?, S. 68 ff.). Diese Problematik wird in dieser Arbeit nicht in Diskussion gestellt.

5 Sie sind die „ideale, unbegrenzte Kommunikationsgemeinschaft/Diskursgemeinschaft“ von Karl OttoApel (Das Apriori der Kommunikationsgemeinschaft und die Grundlagen der Ethik, S. 429; Apel/Niquet, Diskursethik und Diskursanthropologie,

auszugehen. Die Vernunftregeln explizieren diese Voraussetzungen mit dem Vorteil von Klarheit und können prinzipiell die Kernidee anderer Formulierungen abdecken. Sie werden nicht nur von Alexy, sondern auch von Habermas als der Anhaltspunkt der Diskursethik ausgewählt und begründet.

Die Vernunftregeln lauten wie folgt:[6]

> „1. Jeder, der sprechen kann, darf an Diskursen teilnehmen.
> 2. (a) Jeder darf jede Behauptung problematisieren.
> (b) Jeder darf jede Behauptung in den Diskurs einführen.
> (c) Jeder darf seine Einstellungen, Wünsche und Bedürfnisse äußern.
> 3. Kein Sprecher darf durch innerhalb oder außerhalb des Diskurses herrschenden Zwang daran gehindert werden, seine in (1) und (2) festgelegten Rechte wahrzunehmen."

Das Hauptbegründungsmittel für die Vernunftregeln ist ein besonderer Widerspruchsbegriff, nämlich der „performative Widerspruch". Die Konstruktion dieses Widerspruchsbegriffs unterliegt einem Denkansatz, der einerseits die Ergebnisse der von J. L. Austin und J. R. Searle entwickelte Sprechakttheorie übernimmt, und andererseits die Wahrheit der Behauptungen und die Richtigkeit bzw. die moralische Geltung der Normen mit dem Begriff des Diskurses, das heißt die Begründung oder die Argumentation für die Wahrheit und die Richtigkeit, aneinandergehängt. Hierdurch wurde eine eigentümliche sprachanalytische philosophische Grundlage von den Diskursethikern ausgearbeitet.

Diese Arbeit legt den Schwerpunkt auf die Begründbarkeit der Diskursethik hinsichtlich dieser Grundlage. Diese Grundlage bezieht sich auf einige Terminologien, die selbst schon vieler Erklärungen bedürfen. Deswegen ist der Anfang der Diskussion zwangsläufig eine Begriffsbestimmung. Es ist hervorzuheben, dass diese Begriffsbestimmung nicht nur technisch ist. Vielmehr beruht sie auf einer kritischen theoretischen Reflexion und gilt als der Ausgangspunkt dieser Arbeit, der sich in den folgenden Diskussionen immer wieder erweisen kann.

Das Leitthema dieser Arbeit besteht aus zwei Begriffen, nämlich die Behauptungen und die Normen. Es wird versucht zu beantworten, was die Behauptungen und die Normen sind. Warum die Antworten auf diese Frage unsere Diskussion leiten sollten, zeigt sich im Verlauf der Erklärung dieser Begriffe. Nach der Explikation der Behauptungen und der Normen liegt eine theoretische Möglichkeit

---

S. 54.), die „ideale Sprechsituation" von Habermas (Vorbereitende Bemerkungen zu einer Theorie der kommunikativen Kompetenz, S. 136 f.; ders., Wahrheitstheorien, S. 174 f.) und der „ideale Diskurs" von Alexy (Probleme der Diskurstheorie, S. 113.).

6 Diskurstheorie und Menschenrechte, S. 130; vgl. dazu ders., Theorie der juristischen Argumentation, S. 238–242.

nahe, die den aussagelogischen und den normenlogischen Widerspruch mittels des illokutionären Akts einheitlich erklären kann. Die Untersuchungen der Behauptung, der Normen und des logischen Widerspruchs in dieser Arbeit können einerseits als eine unabhängige Abhandlung und andererseits als eine Vorbereitung für die Prüfung des performativen Widerspruchs angesehen werden. Am Ende wird aufgezeigt, warum der Begriff des performativen Widerspruchs sowie die sprachanalytische philosophische Grundlage der Diskursethik problematisch ist, und woanders die Begründbarkeit der Diskursethik liegt.

2. Begriffsbestimmung: das Illokutionäre und das Propositionale

Im Titel dieses Kapitels stehen die aus den substantivierten Adjektiven „illokutionär“ und „propositional“ abgeleiteten Fachbegriffe, weil, folgt man Searles Analyse, das Illokutionäre und das Propositionale jeweils zwei Aspekte haben: die illokutionäre Kraft und der illokutionäre Akt, der propositionale Gehalt und der propositionale Akt. Um einen Überblick über den Kontext dieser Arbeit zu geben, werden diese vier Terminologien in den nachfolgenden Ausführungen erläutert.

Die Bezeichnung „illokutionäre Kraft“ wäre in manchen Fällen irreführend, weil das Wort „Kraft“ zu der Illusion verführen könnte, dass es etwas mit Handlungsnötigungen oder -zwängen zu tun hat. Zwar ist es nicht unmöglich, das Illokutionäre mit irgendwelchen Handlungsnötigungen oder -zwängen zu verbinden, aber genau das ist der Zugang, den die Diskursethik wählt, um Ethik und Sprache zu verbinden. Dieser diskursethische Zugang darf hier aber nicht unkritisch betrachtet werden, denn eine der Hauptaufgaben dieser Arbeit ist zu prüfen, inwiefern wir sagen können, dass die illokutionäre Dimension unsere Handlungen tatsächlich nötigt oder zwingt. Um Vorurteile zu umgehen, sollte der Begriff „illokutionäre Kraft“ zuerst relativ neutral verstanden werden. Ein einleuchtender Ersatz dafür ist die andere deutsche Übersetzung „illokutionäre Rolle“. Außerdem kann man verschiedene illokutionäre Kräfte einfach wie Ernst Tugendhat und Michael Dummett als verschiedene „Modi“ betrachten.[7,8] Eine solche neutrale Verstehensweise entspricht Searles Erklärung:

Derselbe Satz „Ich komme“ kann verschiedene Bedeutungen haben, je nachdem, wie und in welcher Situation er verwendet wird.[9] Er kann als ein Versprechen verstanden werden, wenn z. B. mein Freund mich fragt, ob ich ihm morgen beim Umzug helfen kann, und ich „Ich komme“ sage. Er kann auch einfach als ein Bericht einer Tatsache funktionieren. Außerdem kann man sich leicht vorstellen, dass bei passenden Kontexten und Bedingungen „Ich komme“ als eine Warnung

7 Tugendhat, Einführung in die sprachanalytische Philosophie, S. 59, 74, 137; Dummett, Frege, S. 3.

8 Habermas verwendet auf zwei Seiten alle drei Namen „Kraft“, „Rolle“ und „Modus“ (Habermas, Theorie des kommunikativen Handelns. Bd. 1, S. 374 f.).

9 Hier folge ich Searles Erläuterungen in „ Austin on Locutionary and Illocutionary Acts“ und dem zweiten Kapitel von „Speech Acts“, wobei ich einen anderen Satz als Beispiel gewählt habe.

gelten wird. Diese verschiedenen Bedeutungen und Funktionen bezeichnet Searle als verschiedene illokutionäre Kräfte. Deshalb kann derselbe Satz verschiedene illokutionäre Kräfte haben.[10] Den gleichbleibenden Satz, der mit verschiedenen illokutionären Kräften kombiniert werden kann, nennt Searle den propositionalen Gehalt.

Um die illokutionäre Kraft zu erklären, wurde bereits „Bedeutung" als ein Vorbegriff eingeführt. Das ist kein Zufall, da die illokutionäre Kraft eine Komponente von Bedeutung ist.[11] Diese These kann durch einen unumstrittenen alltäglichen Sprachgebrauch nachgewiesen werden. Wenn jemand zu uns „Ich komme" sagt, aber wir nicht sicher sind, ob das ein Versprechen, eine Äußerung seiner Intention oder ein Bericht eines Geschehens ist, fragen wir nach der Bedeutung des Satzes. Wenn wir jemandem die Bedeutung eines Satzes erklären, müssen wir ihm die illokutionäre Kraft des Satzes explizieren, sonst kann er die Bedeutung des Satzes nicht richtig verstehen. Die hier gemeinte „Bedeutung" entspricht der allgemeinen Verwendungsweise des Wortes „Bedeutung" im weiteren Sinne und kann in Anlehnung an Tugendhat folgendermaßen definiert werden: Die Bedeutung eines Ausdrucks liegt darin, wie der Ausdruck zu verstehen ist.[12]

Es ist zu beachten, dass die Bedeutung hier weder die Bedeutung noch der Sinn bei Gottlob Frege ist. Das Thema „Sinn und Bedeutung bei Frege" kann nicht hier im Einzelnen besprochen werden. Man kann sagen, dass Frege seine Aufmerksamkeit größtenteils nur auf den propositionalen Gehalt lenkt und nicht alle Modi bzw. illokutionären Kräfte in Betracht zieht. Im Gegensatz dazu steht die Bedeutung hier in Zusammenhang mit dem Verstehen aller illokutionären Kräfte, weswegen man keinen Begriff bei Frege finden kann, der sich mit der Bedeutung in dieser Arbeit deckt. Das bedeutet aber nicht, dass Frege keinen Beitrag zu dem Illokutionären und dem Propositionalen leistet. Wenn Frege sagt, „Fragesatz und Behauptung enthalten denselben Gedanken; aber der Behauptungssatz enthält noch etwas mehr, nämlich eben die Behauptung. Auch der Fragesatz enthält etwas mehr, nämlich die Aufforderung"[13], scheint darin schon eine Idee des Illokutionären und des Propositionalen zu bestehen, weil wir seine Meinung folgendermaßen interpretieren können. Fragesatz und Behauptung haben denselben propositionalen Gehalt aber verschiedene illokutionäre

---

10 Searle, Austin on Locutionary and Illocutionary Acts, S. 406 f. Umgekehrt können verschiedene Sätze dieselbe illokutionäre Kraft haben.

11 Searle/Vanderveken, Foundations of Illocutionary Logic, S. 7.

12 Tugendhat, Einführung in die sprachanalytische Philosophie, S. 138.

13 Frege, Der Gedanke, S. 40 f. Zu einer detaillierten Erklärung dafür vgl. ders., Die Verneinung, S. 64 f.

Kräfte. Dementsprechend ist der Gedanke bei Frege der propositionale Gehalt, und was Frege „behauptende Kraft“ nennt, mit dem einen Gedanke ausgesprochen und folglich in eine Behauptung umgewandelt wird, die illokutionäre Kraft der Behauptung. Der Unterschied zwischen Searle und Frege hinsichtlich dieses Punktes liegt darin, dass sich Frege auf den propositionalen Gehalt und die illokutionäre Kraft der Behauptung beschränkt, während Searle sie in eine allgemeine Form bringt.[14] Dass Frege eine systematische Erweiterung nicht fortfährt, geschieht hauptsächlich wegen seines theoretischen Interesses.[15] Trotzdem kann man immer noch sagen, dass der Prototyp der später von Austin und Searle ausgearbeiteten Sprechakttheorie schon bei Frege zu finden ist.

Wenn die Bedeutung und die illokutionäre Kraft auf diese Weise definiert werden, kann man nicht bestreiten, dass der Sprachgebrauch von Sätzen mit illokutionären Kräften der Regelfall ist und dass die Sätze ohne illokutionäre Kräfte eher eine Ausnahme bilden. Wenn wir am Morgen eine Tasse Kaffee bestellen, bei der Arbeit einen Kollegen nach etwas fragen, und am Feierabend unserer Familie ein Ereignis erzählen, kommen verschiedene illokutionäre Kräfte ins Spiel. Die Ausnahmen, bei denen man Sätze ohne illokutionäre Kraft verwendet, können in Anlehnung an Searle als „nicht ernsthafte Äußerungen“ und deren Gegenteil, die Regelfälle, als „ernsthafte Äußerungen“ bezeichnet werden.

Searle definiert die ernsthaften Äußerungen (serious utterances) als die Äußerungen, die nicht zu Schauspielerei, Lehren einer Sprache, Gedichtvortrag und Ausspracheübung gehören. Laut Searle sind die Äußerungen, die weder metaphorisch noch sarkastisch sind, wörtliche Äußerungen (literal utterances). Die Äußerungen, die nicht ernsthaft oder nicht wörtlich sind, werden in Searles Analyse des Illokutionären nicht in Betracht gezogen.[16] Diese Methode ist angemessen, denn wie schon gezeigt, sind die nicht ernsthaften Äußerungen Nebensachen, und wie Searles spätere Einsicht zeigt, gehören Metapher und Sarkasmus in der Tat zu einer Höherstufung der schlichten illokutionären Akte, das heißt zu den indirekten Sprechakten, bei denen ein illokutionärer Akt durch die Ausführung eines anderen indirekt ausgeführt wird.[17] Hier folge ich Searles Methode, aber mit zwei Ergänzungserklärungen:

---

14 Vgl. dazu Tugendhat/Wolf, Logisch-semantische Propädeutik, S. 213.

15 Vgl. dazu Dummett, Frege, S. 1. Ein anderer möglicher Grund wäre sein problematischer Versuch, eine Analogie zwischen Gedanken und den singulären Termini zu erstellen. Siehe dazu unten, Fn. 151.

16 Searle, Austin on Locutionary and Illocutionary Acts, S. 406, Fn. 3.

17 Searle, Expression and Meaning, S. 31, 76 f.

1) Weil die ernsthaften aber nicht wörtlichen Äußerungen – Metapher und Sarkasmus – auch die illokutionären Akte sind, müssen sie nicht von vornherein vom Begriff des Illokutionären ausgeschlossen werden. Für die Analyse des Illokutionären sind die ernsthaften/nicht ernsthaften Äußerungen die einzige Grunddichotomie. Alle ernsthaften Äußerungen sind illokutionäre Akte. In den folgenden Diskussionen werden Sarkasmus und Metapher außer Acht gelassen, nicht weil sie keine illokutionären Akte sind, sondern nur, weil sie für unseren Zweck nicht weiter erwähnt werden müssen.
2) Was das gemeinsame Merkmal der nicht ernsthaften Äußerungen ist, ist auf den ersten Blick nicht klar, insbesondere weil es um Kunstwerke geht. Bei Kunstwerken sind drei Aspekte zu unterscheiden: a) Einige Dramen und Gedichte können an sich als die von ihren Autoren ausgeführten illokutionäre Akte angesehen werden. Denn wenn ein Drama oder ein Gedicht, z. B. kritische oder expressive Konnotationen mit relativ konkretem Inhalt hat, steht es den illokutionären Akten im Alltag schon nahe. Der Unterschied liegt nur darin, dass Kunstwerke kompliziertere Formen haben. Es handelt sich hierbei um die Überlappung zwischen Ästhetik, Sprachwissenschaft und Sprachphilosophie und gehört deshalb nicht zu unserem Thema. b) Es ist möglich, die illokutionären Akte mithilfe von Dramen oder von Gedichten auszuführen, wenn man z. B. absichtlich in einem bestimmten Kontext die Aufführung irgendeines Dramas oder auch Gedichtvorträge organisiert. Diese Fälle sind extrem kontextabhängig und dabei finden häufig indirekte Sprechakte statt, wie z. B. Andeutungen oder Satiren. c) Es ist aber gewiss, dass wenn ein Schauspieler beim Schauspielern etwas verspricht, und ein Redner beim Gedichtvortrag etwas behauptet, dass sie dies nicht wirklich versprochen oder behauptet haben. Die Schauspielerei und der Gedichtvortrag in Searles Beispielen beziehen sich genau auf diesen Aspekt. Sie meinen weder Dramen und Gedichte an sich noch ihre Ausnutzung für die umständlichen Ausführungen der illokutionären Akte in bestimmten Kontexten, sondern nur die einfachen Situationen, in denen es kaum zu verkennen ist, dass trotz des Scheins kein illokutionärer Akt von dem Sprecher ausgeführt wird. Dies ist ebenfalls das gemeinsame Merkmal für das Lehren einer Sprache und Ausspracheübung.

Nun kommen wir zu folgendem Ergebnis: Wenn man Sätze mit den illokutionären Kräften verwendet, führt man die illokutionären Akte aus. Alle ernsthaften Äußerungen sind die illokutionären Akte. Diese Definition des illokutionären Akts durch die ernsthafte Äußerung scheint tautologisch und deshalb nicht informativ, aber sie kann anhand der Beispiele der nicht ernsthaften Äußerungen ergänzt werden. Der Sprachgebrauch, der nicht zu Schauspielerei, Gedichtvortrag,

Lehren von Sprache und Ausspracheübung zählt, ist eine ernsthafte Äußerung bzw. ein illokutionärer Akt.[18] Eine Wittgensteinsche metaphorische Erklärung dafür lautet wie folgt: Nur mit den ernsthaften Äußerungen bzw. den illokutionären Akten machen wir einen Zug beim Sprachspiel.[19] Bei den illokutionären Akten wird der propositionale Gehalt mit den illokutionären Kräften kombiniert, und zusammen führen sie zu den im Alltag funktionierenden vollständigen Satzbedeutungen. Von daher muss man zustimmen, dass die minimalen Einheiten menschlicher Kommunikationen die illokutionären Akte sind.[20]

Die Tatsache, dass Sprachgebrauch im Regelfall von den illokutionären Kräften begleitet ist, lässt den Begriff des Lokutionären von Austin in Schwierigkeiten geraten. Wenn der lokutionäre Akt von Austin dadurch definiert wird, dass man einen lokutionären Akt ausführt, wenn man Zeichen mit „Bedeutungen" verwendet,[21] ist das Unterscheiden zwischen den illokutionären und den lokutionären Akten nicht sinnvoll. Denn wie die obige Darstellung verdeutlicht, überlappen sich die lokutionären und die illokutionären Akte in den meisten Fällen begrifflich. Der Versuch, die lokutionäre Bedeutung aus der illokutionären Kraft zu abstrahieren, ist wie aus Junggesellen unverheiratete Männer zu abstrahieren.[22] In anderen Fällen gibt es die Möglichkeit, die lokutionären Akte begrifflich von den illokutionären Akten präzise zu unterscheiden, aber dabei können die lokutionären Akte nicht mehr als die nicht ernsthaften Äußerungen bedeuten, die weder für die primäre Verwendungsweise menschlicher Sprachen noch für unsere Themen von großem Interesse sind.[23]

---

18 Ich halte diese Beispiele von Searle nur für eine exemplarische Aufzählung. Es ist möglich, mehrere Beispiele mit dem gleichen Charakter zu finden. Wichtig ist nur, dass wir durch diese Beispiele begreifen können, wie die nicht ernsthaften Äußerungen von den ernsthaften Äußerungen voneinander abzugrenzen sind.

19 Vgl. dazu Dummett, Frege, S. 3; Tugendhat/Wolf, Logisch-semantische Propädeutik, S. 22.

20 Searle/Vanderveken, Foundations of Illocutionary Logic, S. 1; Searle, Speech acts, S. 16.

21 Austin, How to Do Things with Words, S. 93. Der lokutionäre Akt bei Austin schließt eigentlich drei Ebenen ein: den phonetischen Akt, den phatischen Akt und den rhetischen Akt (Austin, How to Do Things with Words, S. 92 f.). Der lokutionäre Akt bedeutet aber in den meisten Zusammenhängen – wie auch in dieser Arbeit – nur der rhetische Akt.

22 Searle, Austin on Locutionary and Illocutionary Acts, S. 408.

23 Hier weicht meine Darstellung von Searles ab, aber sie behandelt dieselbe Sache nur auf verschiedene Weise. Searle sagt, dass bei den ernsthaften Äußerungen die lokutionären und die illokutionären Akte kaum zu unterscheiden sind. Ich ergänze

Es ist deswegen nicht aussichtsreich, wie Austin, die illokutionäre Kraft von Bedeutung zu trennen.[24] Es ist aber sowohl methodisch profunder als auch begrifflich klarer, wie Searle, von dem Illokutionären auszugehen und anzunehmen, was übrigbleibt, wenn man den im Regelfall verwendeten Sätzen ihre illokutionäre Kraft entzieht. Das Übrige ist der propositionale Gehalt. In der deutschen Sprache kann der propositionale Gehalt eines Satzes durch die grammatische Struktur des dass-Satzes expliziert werden.[25] Angenommen, dass »p_1« für den propositionalen Gehalt „dass Peter raucht", und K_b für die illokutionäre Kraft der Behauptung steht, dann kann der illokutionäre Akt, die Behauptung „Peter raucht", auf folgende Weise symbolisiert werden: K_b»p_1«. Für denselben propositionalen Gehalt mit einer anderen illokutionären Kraft, wie z. B. die Aufforderung an Peter zu rauchen, kann man einfach die Symbole K_a»p_1« benutzen, in denen K_a für die illokutionäre Kraft der Aufforderung steht. Verallgemeinert man diesen Symbolismus, kann es symbolisch repräsentiert werden, so wie alle illokutionären Akte durch den propositionalen Gehalt und verschiedene illokutionäre Kräfte strukturiert werden:

K»*p*«

K ist eine Variable für mögliche illokutionäre Kräfte, und »*p*« steht für den propositionalen Gehalt.[26] Es ist wichtig hervorzuheben, dass ich *p* mit Anführungszeichen für den propositionalen Gehalt gebrauche, weil ich »*p*« von *p* streng abgrenzen will. Hier reserviere ich *p* ausschließlich für eine Behauptung mit dem propositionalen Gehalt »*p*«. Deshalb ist *p* identisch mit K_b»*p*«, aber nicht mit »*p*«. Der offensichtliche Unterschied zwischen *p* und »*p*« ist die illokutionäre Kraft der Behauptung.

---

nur, dass die Unterscheidung insofern möglich ist, als die lokutionären Akte als die nicht-ernsthaften Äußerungen aufgefasst werden.

24 Austin differenziert zwischen der illokutionären Kraft und Bedeutung, auch wenn er schon entdeckt, dass die illokutionäre Kraft und Bedeutung eine nahe Beziehung haben (Austin, How to Do Things with Words, S. 98, 100).

25 Der Ausfall dieser grammatischen Form bei einem Satz bedeutet natürlich nicht, dass dieser Satz keinen propositionalen Gehalt hat.

26 Dieser symbolisierte Ausdruck ist eine modifizierte Kombination von Searle (Austin on Locutionary and Illocutionary Acts, S. 420) und Tugendhat (Einführung in die sprachanalytische Philosophie, S. 67). Eine solche Ausdrucksweise kann man auf die Fregeschen Symbole ⊢ A und – A zurückführen (Frege, Begriffsschrift, S. 1 f.). ⊢ A ist ein Gedanke mit der behauptenden Kraft. Er entspricht *p* bzw. K_b»*p*« hier. – A ist bloß ein Gedanke bzw. ein propositionaler Gehalt »*p*«.

Nun ist es klar, warum Searle sagt, dass ein propositionaler Akt nur eine Abstraktion eines illokutionären Akts ist.[27] Bei ernsthaften Äußerungen drücken wir nicht »*p*«, sondern K»*p*« aus. Der propositionale Akt, »*p*« vorzutragen, ist nur ein abstrahiertes Moment des illokutionären Akts, K»*p*« auszuführen. Dementsprechend ist der propositionale Gehalt auch nur eine Abstraktion der vollständigen Bedeutung des von uns geäußerten Satzes.[28] Eine Äußerung zu verstehen, heißt nicht nur »*p*«, sondern K»*p*« zu verstehen. Abgesehen von den nicht ernsthaften Äußerungen kommt weder ein propositionaler Akt noch ein propositionaler Gehalt unabhängig von einem illokutionären Akt vor.[29] Das Propositionale ist keine Beschreibung unseres alltäglichen Sprachgebrauchs, sondern dessen zwei abstrahierter Momente, die prinzipiell als hoch theoretisierte Analysemittel fungieren.

Bis jetzt ist es gerechtfertigt, dass das Begriffspaar des Illokutionären/Lokutionären durch das des Illokutionären/Propositionalen ersetzt werden sollte, und das Illokutionäre hinsichtlich unseres Sprachgebrauchs von größerer Bedeutung als das Propositionale ist, obwohl das Letztere in Wirklichkeit höher theoretisiert ist. Dadurch ist jedoch noch nicht viel erreicht. Statt die Diskussion rasch fortzusetzen, möchte ich zuerst einige Unklarheiten über das Illokutionäre und das Propositionale beseitigen.

2.1 Sprechakt, illokutionärer Akt und Äußerung

Sprechakt – oder Sprechhandlung, linguistische Handlung – ist ein häufig gebrauchtes Synonym für den illokutionären Akt. Obwohl der Begriff des Sprechakts bei Searle eigentlich drei Ebenen einschließt (den Äußerungsakt, den propositionalen Akt und den illokutionären Akt),[30] ist mit „Sprechakt" in den meisten Kontexten nur der illokutionäre Akt gemeint.[31] Das ist selbstverständlich, weil wie schon gezeigt die Ebene des illokutionären Akts wichtiger als die beiden anderen

---

27 Searle, Austin on Locutionary and Illocutionary Acts, S. 421.

28 Während der propositionale Akt ein Teil vom illokutionären Akt ist, ist der propositionale Gehalt nicht ein Teil von der illokutionären Kraft, sondern ein Teil der vollständigen Bedeutung eines Satzes. Die vollständige Bedeutung eines Satzes besteht aus propositionalem Gehalt und illokutionärer Kraft.

29 Bei einigen nicht ernsthaften Äußerungen würden nur propositionale Akte und propositionaler Gehalt existieren, aber in diesem Fall kann diese Thematik außer Acht gelassen werden.

30 Searle, Speech Acts, S. 24.

31 Eine ähnliche Gebrauchsweise befindet sich auch bei dem lokutionären Akt. Siehe oben, Fn. 21.

ist. Es ist dem Kontext nach nicht schwer zu erkennen, wann der Name „Sprechakt" für den illokutionären Akt steht. Deshalb ist die Mehrdeutigkeit des Sprechakts prinzipiell unproblematisch. Im Folgenden werden die Namen „Sprechakt" und „illokutionärer Akt" nicht im Wechsel verwendet. Die ernsthafte Äußerung, die einen Zug beim Sprachspiel machen kann, heißt ausschließlich der illokutionäre Akt.[32]

2.2 Das Propositionale statt des Lokutionären

Man fragt sich, ob es nötig ist, „das Lokutionäre" durch „das Propositionale" zu ersetzen. Zwar kann man das Adjektiv „lokutionär" behalten und das Lokutionäre erneut wie das Propositionale verstehen. Das Adjektiv „propositional" hat aber den Vorteil, den erneuten Inhalt schon durch die Benennung sichtbar zu machen.

2.2.1 Die logische Struktur des propositionalen Gehalts

Laut Searles Meinung ist der propositionale Gehalt ähnlich wie das, was manche Philosophen als „Proposition" bezeichnen.[33] Die Eigenschaft des propositionalen Gehalts ist analog zu einer langen Tradition, das heißt zu der logischen Struktur des prädikativen Satzes, deren einfachste Form der singuläre prädikative Satz ist. Ein singulär prädikativer Satz besteht nur aus dem singulären Terminus und dem generellen Terminus. Ein singulärer Terminus steht für einen bestimmten Gegenstand, der konkret oder abstrakt sein kann. Diese Arbeit muss auf die schwierige Problematik der abstrakten Gegenstände verzichten. Hier werden nur die konkreten Gegenstände in Diskussion gestellt. Ein singulärer Terminus hat die Funktion, einen einzelnen Gegenstand aus allen Gegenständen herauszugreifen, sodass man dadurch den Gegenstand identifizieren kann. Ein genereller Terminus funktioniert so, dass er den identifizierten Gegenstand charakterisiert.[34] Die Struktur des propositionalen Gehalts kann in Anlehnung an die Prädikaten- und

---

32 Was Habermas als Äußerung bezeichnet, ist die hier genannte ernsthafte Äußerung: „Äußerungen sind stituierte Sätze, das heißt pragmatische Einheiten der Rede." (Habermas, Vorbereitende Bemerkungen zu einer Theorie der kommunikativen Kompetenz, S. 102)

33 Searle, Austin on Locutionary and Illocutionary Acts, S. 420. Es ist aber wichtig hervorzuheben, dass in dieser Arbeit die Proposition und der propositionale Gehalt verschiedene Bedeutungen haben. Siehe unten.

34 Tugendhat/Wolf, Logisch-semantische Propädeutik, S. 86, 94, 153; vgl. dazu Quine, Methods of Logic, S. 203 f. Siehe zu weiteren Diskussionen unten, „3.2.1. Die Wahrheit und die logische Struktur der Behauptung".

der Aussagelogik symbolisch repräsentiert werden. Nehmen wir als Beispiel den schon verwendeten »p_1«, der der propositionale Gehalt eines singulären prädikativen Satzes ist. Angenommen, dass „a" für den singulären Terminus „Peter" und „F" für den generellen Terminus „rauchen" steht, ist »p_1« identisch mit »Fa«. Die Form des propositionalen Gehalts eines generellen prädikativen Satzes, wie „dass alle Raben schwarz sind", kann zusätzlich mit dem Allquantor folgenderweise symbolisiert werden: »(∀x)Rx→Dx«, und die eines komplexen Satzes wie „dass Peter raucht und dass Jochen lächelt" mit der Konjunktion: »Fa∧Hb«.

Hier müssen natürlich nicht alle möglichen Formen des propositionalen Gehalts aufgezählt werden. Es ist aber wichtig festzuhalten, dass »(∀x)Rx→Dx« und »Fa∧Hb« nicht gleichbedeutend mit den normalen logischen Symbolen (∀x)Rx→Dx und Fa∧Hb sind, genau wie »*p*« nicht *p* ist, weil der propositionale Gehalt eine Abstraktion ohne illokutionäre Kraft ist. Die Aussagelogik setzt schon voraus, nur *p* oder der als *p* angenommene »*p*« zu berücksichtigen. Denn zwischen »*p*« und »¬*p*« kann überhaupt kein logischer Widerspruch entstehen, wenn sie nicht zumindest hypothetisch als *p* und ¬*p* angesehen werden.[35] Das ist der Grund, weshalb die Repräsentation des propositionalen Gehalts durch logische Symbole genau genommen nur eine Analogie ist. Wenn man K dazu ergänzen will, um einen illokutionären Akt symbolisch wiederzugeben, besteht die Aufgabe darin, K mit anderen logischen Symbolen richtig zusammenzusetzen. Diesbezüglich werde ich nur kurz auf folgende vier Punkte hinweisen:

1) Wie Frege schon gezeigt hat, macht eine Negation keine andere Art der behauptenden Kraft aus. Was verneint ist, ist nicht die behauptende Kraft, sondern der Gedanke.[36] Die Behauptung, dass Peter nicht raucht, soll deshalb nicht über ¬K_b»Fa«, sondern über K_b»¬Fa« formuliert werden. Dementsprechend bedeutet das gewöhnliche aussagelogische Zeichen ¬*p* nicht ¬K_b»*p*«, sondern K_b»¬*p*«. Frege zeigt auch, dass bei Konditionalsätzen die Teilsätze nicht mit der behauptenden Kraft ausgesprochen sind.[37] Die Behauptung „Wenn Peter raucht, lächelt Jochen" soll deshalb über K_b»Fa→Hb«, aber nicht über K_b»Fa«→K_b»Hb« formuliert werden.
2) Aber was bedeuten ¬K_b»*p*« und K_b»p_1«→K_b»p_2«, wenn sie nicht die gewöhnlichen Bedeutungen der Negation und der Konditionalsätze wiedergeben? Ob K_b»p_1«→K_b»p_2« etwas Sinnvolles wiedergeben kann, ist nicht einfach zu beantworten. Hier muss ich diese Frage außer Acht lassen. Aber für die folgende

35 Siehe dazu unten, „5.1. Der aussagelogische Widerspruch".

36 Frege, Die Verneinung, S. 78.

37 Frege, Die Verneinung, S. 66.

Diskussion ist ¬K_b»*p*« von großer Bedeutung, wenn dieses Symbol als die Negation der illokutionären Kraft einer Behauptung verstanden wird.[38]

3) Tugendhat und Ursula Wolf zeigen, dass die Disjunktionen den gleichen Charakter wie Konditionalsätze haben.[39] Dann hätten wir nun zwei primitive Regeln für die Benutzung von K_b: a) Bei Negation steht ¬ immer hinter K_b. b) Bei den Disjunktionen und den Konditionalsätzen steht K_b für die ganzen Komplexsätze, aber nicht für die jeweiligen Teilsätze.
4) Können diese zwei Regeln für andere illokutionäre Kräfte verallgemeinert werden? Es scheint insofern möglich, als diese zwei Regeln bestehen könnten, auch wenn dabei K_b durch K_a ersetzt wird. Sie wären jedoch nicht wirklich so allgemein, wenn mehr in Betracht kommen würde. In Bezug auf die deontische Logik ist die Negation einer Aufforderung K_a»*p*« – zumindest nach einigen Meinungen – nicht K_a»¬*p*«, sondern ¬K_a»*p*« sein. K_a»¬*p*« ist nicht das kontradiktorische, sondern das subkonträre Gegenteil von K_a»*p*«. Das heißt, dass bei der Negation ¬ nicht immer hinter K steht. Außerdem haben K_e»$p_1 \land p_2$« und K_e»p_1«$\land K_e$»p_2« bei der illokutionären Kraft der Erlaubnis offenbar verschiedene Bedeutungen. Das heißt, dass gelegentlich die Konjunktion auch nur für den ganzen Komplexsatz stehen kann wie bei der Disjunktion und dem Konditionalsatz.

Diese Analyse ist sehr ungenau und nur vorläufig, weil hier eine vollkommene Klassifikation der illokutionären Kräfte hinsichtlich ihrer Strukturen und ihrer Beziehungen zur Logik fehlt. Ich möchte nur zeigen, dass die Bedeutung des Symbolismus von K»*p*« mit der Klassifikation der illokutionären Akte und der Logik zusammenhängen muss. Was ist dann der Vorteil eines solchen „umständlichen" Symbolismus? Der Vorteil liegt darin, dass er die illokutionären Akte repräsentiert und deshalb im Vergleich zu den gewöhnlichen logischen Symbolen auf einer Metaebene steht. Zum Beispiel kann ¬K»*p*« im Allgemeinen die Negation der illokutionären Kraft eines illokutionären Akts repräsentieren. Diese symbolische Repräsentation ist besonders nützlich, wenn man versucht, dem logischen und dem performativen Widerspruch auf den Grund zu gehen.[40]

Weil die Form des singulären prädikativen Satzes der fundamentalste Baustein des propositionalen Gehalts ist, kann diese Form, das heißt die einfachste Gliederung durch die singulären Termini und die generellen Termini wie »Fa« als ein Kriterium für den propositionalen Gehalt aufgefasst werden. Dieses Kriterium

38 Vgl. dazu Searle/Vanderveken, Foundations of Illocutionary Logic, S. 4.
39 Tugendhat/Wolf, Logisch-semantische Propädeutik, S. 211.
40 Siehe dazu unten, „5. Widerspruch".

kann die eingangs erwähnte Definition des propositionalen Gehalts ergänzen und präzisieren: Ein propositionaler Gehalt besteht zumindest aus einem singulären Terminus und einem generellen Terminus.

Daraus ergibt sich die Frage, ob alle illokutionären Akte in diesem Sinne propositionalisiert sind. Da die Fälle, in denen die Existenz des propositionalen Gehalts eines illokutionären Akts problematisch ist, deutlich geringer und von geringer Wichtigkeit sind,[41] wird diese Thematik hier nicht weiter erörtert.

2.2.2 Warum das Propositionale

Der Begriff des Propositionalen wäre das, was Austin eigentlich mit dem des Lokutionären gemeint hat. Wie bereits erwähnt, ist der lokutionäre Akt nach Austin der Sprachgebrauch mit „Bedeutung". Diese „Bedeutung" besteht aus „sense and reference".[42] Aber was „sense and reference" heißen und wie sie miteinander zu der „Bedeutung" beitragen, dazu kann man bei Austin keine zufriedenstellende Antwort finden.[43] Wir haben auch schon gesehen, dass dieser vage Begriff von „Bedeutung" nicht ermöglicht, das Lokutionäre sinnvoll von dem Illokutionären abzugrenzen. Wenn nun „sense and reference" als die singulären Termini und die generellen Termini und demnach das Lokutionäre als das Propositionale erneut interpretiert werden, werden die obigen Probleme leicht gelöst. Die neue Interpretation stimmt perfekt mit Austins Erklärungsbeispielen überein. Nehmen wir eines von ihnen als Beispiel:

> „Act(A) or Locution
> He said to me 'Shoot her!' meaning by 'shoot' shoot and referring by 'her' to her.
> Act(B) or Illocution
> He urged (or advised, ordered, &c.) me to shoot her."[44]

---

41 Vgl. dazu Searle, Austin on Locutionary and Illocutionary Acts, S. 421 Fn. 12. Es muss darauf hingewiesen werden, dass viele illokutionäre Akte zweifellos einen propositionalen Gehalt haben, der aber in ihrer Oberflächenstruktur nicht sichtbar ist. Wenn z. B. ein Student dem namentlichen Aufruf mit nur einem Wort „hier" oder einem Ton „yo" antwortet, hat dieser illokutionäre Akt irgendwelchen propositionalen Gehalt wie „dass ich hier bin" oder „dass ich anwesend bin".

42 Austin, How to do things with words, S. 93.

43 Searle vermutet, dass „sense and reference" hier bei Austin eine Fregesche Terminologie ist (Searle, Austin on Locutionary and Illocutionary Acts, S. 419). Das ist möglich, aber hinsichtlich des Problems der Übersetzung von „Sinn und Bedeutung" zu „sense and reference" (vgl. dazu Tugendhat, The Meaning of 'Bedeutung' in Frege) muss ich mir Searles Annahme vorbehalten.

44 Austin, How to Do Things with Words, S. 101 f.

Der Unterschied zwischen (A) und (B) liegt nicht darin, dass es in (A) kein illokutionäres Verb wie „advise“ oder „order“ gibt. Searle zeigt mit Recht, dass die illokutionären Verben keine notwendigen Bedingungen für die Identifizierung der illokutionären Akte sind.[45] „He said to me…“ kann so illokutionär wie „He advised me“ sein. Falls Austin wirklich die illokutionären Verben für die Abgrenzung zwischen (A) und (B) hält, hätte er Unrecht. Aber er würde etwas anderes meinen. Sein Schwerpunkt wäre nicht der Kontrast zwischen den Verben „say“ und „advise/order“, sondern das Anführungszeichen von 'Shoot her!'. Sowohl die Sätze mit Anführungszeichen als auch die dass-Sätze sind grammatisch nominalisierte Sätze, die je nach Kontext die Funktion haben können, Sätze von ihrer illokutionären Kraft zu befreien. Mit 'Shoot her!' wollte Austin eigentlich sagen, dass in (A) von der illokutionären Kraft dieses Satzes abgesehen werden sollte, und der Ausfall der illokutionären Verben in (A) ist nur ein Hinweis darauf. Auf diesem Weg steht (A) dem Propositionalen schon nahe. Außerdem kann man anmerken:

1) „referring by 'her' to her“ bedeutet nichts weiter als dass das Wort „her“ für jemanden, das heißt für einen bestimmten Gegenstand, steht. Deswegen kann „reference“ bei Austin als der singuläre Terminus verstanden werden.[46]
2) „meaning by 'shoot'“ steht mit der Interpretation im Einklang, dass der durch den singulären Terminus „her“ identifizierte Gegenstand durch den Begriff „shoot“ bezeichnet wird. Dann liegt es nahe, „sense“ bei Austin als den generellen Terminus anzusehen.

Weil Austin die logische Struktur seines Erklärungsbeispiels nicht ausreichend freilegt, werden die darin enthaltenen richtigen Einsichten verdeckt. Zuerst muss man beachten, dass in diesem Beispiel „shoot“ ein zweistelliger genereller Terminus ist. Er charakterisiert zwei singuläre Termini durch ihre Relation. Der erste singuläre Terminus „me“ steht für den Schießenden bzw. den Adressaten, und der zweite „her“ für das zu erschießende Objekt. Angenommen, dass c und d jeweils für die singulären Termini „me“ und „her“, S für den generellen Terminus „shoot“ und K für die möglichen illokutionären Kräfte stehen, können wir das ursprüngliche Erklärungsbeispiel nach der neuen Interpretation wiedergeben:

Akt(A) oder das Propositionale: »Scd«
Akt(B) oder das Illokutionäre: K»Scd«

---

45 Searle, Austin on Locutionary and Illocutionary Acts, S. 411, 419.
46 Vgl. dazu. Austin, How to Do Things with Words, S. 97.

Es wird nichts Wesentliches durch diese neue Formulierung geändert, aber sie kann den echten Unterschied zwischen (A) und (B), das heißt die illokutionäre Kraft, ohne Irreführung in der eindeutigsten Form demonstrieren. Hier muss noch einmal wiederholt werden: Der propositionale Akt (A) ist nur ein abstrahiertes Moment des illokutionären Akts (B), genau wie »Scd« nur eine Abstraktion von K»Scd« ist.

2.2.3 Die Probleme des Vorschlags von Apel

Bis hierhin haben wir gesehen, dass der Begriff des propositionalen Gehalts durch seine logische Struktur präzise definiert werden kann. Damit kann man auch genauer erläutern, warum die Schwierigkeiten des Begriffs des Lokutionären erst überwunden werden können, wenn das Lokutionäre als das Propositionale interpretiert wird. Austins ursprüngliche Idee impliziert bereits diese neue Interpretation. Es ist keine willkürliche Entscheidung, dass das Illokutionäre und das Propositionale ein Begriffspaar bilden müssen, weil sie nur miteinander definiert werden können. Wir können nicht zu verstehen geben, was der propositionale Gehalt oder die illokutionäre Kraft ist, ohne die beiden nebeneinanderzustellen.

Demgegenüber macht Karl-Otto Apel einen anderen Interpretationsvorschlag. Sein Problembewusstsein beschreibt er wie folgt: „Nach Austin kann auch schon der Satz »Ich werde morgen kommen« die potentielle Kraft (»force«) eines Versprechens haben. Seine potentielle »Kraft« wird in diesem Fall durch den performativ ausformulierten Satz »Ich verspreche hiermit, dass ich morgen kommen werde« bloß explizit gemeint. Wenn man dies verallgemeinert, dann ergibt sich, dass normalerweise alle geäußerten Sätze – nicht nur die performativ ausformulierten Sätze – eine potentielle illokutionäre Kraft haben“[47]. Diese Beschreibung entspricht grundsätzlich dem schon ausführlich diskutierten Problem des Lokutionären. Aber das Wort „potentiell“ darin ist verwirrend, denn alle ernsthaften Äußerungen sind illokutionäre Akte und haben „bereits“ illokutionäre Kräfte. Man kann höchstens sagen, dass wir uns manchmal nicht ganz sicher sind, welche illokutionäre Kraft eine ernsthafte Äußerung hat, aber nicht, dass die ernsthafte Äußerung nur eine potentielle illokutionäre Kraft hat. Dann bietet Apel an, die lokutionären Akte als die „potentiellen illokutionären Akte“ zu interpretieren, um das Problem des Lokutionären zu lösen. Dieser Vorschlag bringt es mit sich, dass das Begriffspaar des Illokutionären/Lokutionären nicht durch das des Illokutionären/Propositionalen, sondern durch das Begriffspaar einer ganz

---

47 Apel, Die Logos-Auszeichnung der menschlichen Sprache, S. 117.

anderen Richtung ersetzt wird: durch den Kontrast zwischen den „potentiellen illokutionären Akten" und den „aktuell gelungenen illokutionären Akten".[48]

Apels Vorschlag ist hinsichtlich folgender Gründe problematisch:

1) Die Dimension, die Austin trotz der oben gezeigten Unvollkommenheiten und Schwierigkeiten mit dem Lokutionären zu markieren versucht, verschwindet in Apels Vorschlag.[49] Das einleuchtende Begriffspaar des Illokutionären/Propositionalen wird nicht mehr vor Augen geführt.
2) Folglich wird die Definition des Begriffs des illokutionären Akts komplett geändert. Drei Stufen des illokutionären Akts sind zu unterscheiden: a) Der Sprecher führt einen illokutionären Akt aus. b) Dieser illokutionäre Akt wird von dem Adressaten verstanden. c) Dieser illokutionäre Akt führt zu irgendwelchen Ergebnissen. Man sollte die Handlung in Stufe a) schon einen illokutionären Akt nennen. Die Handlungen in den Stufen b) und c) kann man jeweils so bezeichnen, dass z. B. in b) der illokutionäre Akt seinen illokutionären Effekt erzielt und in c) seinen illokutionären Erfolg erreicht,[50] aber nicht so, dass nur sie zu den illokutionären Akten gehören. Aber nach Apels Vorschlag sind nur die Handlungen in Stufe b) oder c) die illokutionären Akte,[51] und die Handlung in a) übernimmt den Begriff des „lokutionären Akts". Das bedeutet, dass alle bisher als Beispiel verwendeten illokutionären Akte nur als lokutionäre Akte bezeichnet werden dürfen, es sei denn, ihr illokutionärer Effekt oder Erfolg ist schon sicher. Eine solche Definition ist abwegig und

48 Apel, Die Logos-Auszeichnung der menschlichen Sprache, S. 117 f.

49 Searle hat schon eine ähnliche Interpretationsstrategie wie Apels Vorschlag in Betracht gezogen und auf dieses Problem in „Austin on Locutionary and Illocutionary Acts" hingewiesen (S. 409 f.). Dieser Aufsatz wird von Apel angeführt (Die Logos-Auszeichnung der menschlichen Sprache, S. 117, Fn. 34), aber er scheint diesen Punkt vollkommen vernachlässigt zu haben.

50 Vgl. zu dem illokutionären Effekt Searle, Speech acts, S. 47. Vgl. zu dem illokutionären Erfolg Habermas, Theorie des kommunikativen Handelns. Bd. 1, S. 391.

51 Nach Apel wird ein potentieller illokutionärer Akt zu einem gelungenen illokutionären Akt, nur dann „wenn er bestimmte zusätzliche Bedingungen erfüllt, zum Beispiel u. a. die Bedingungen, dass er vom Adressaten verstanden wird (also einen illokutionären Effekt erzielt)" (Die Logos-Auszeichnung der menschlichen Sprache, S. 118). Der illokutionäre Effekt hier bei Apel wäre der im Searlschen Sinne, aber er könnte auch den Habermasschen illokutionären Erfolg bedeuten (siehe Fn. 50). Obwohl Apel nicht genau angibt, was er mit dem Namen „illokutionärer Effekt" meinen will, ist es aber sicher, dass bei ihm ein gelungener illokutionärer Akt bzw. ein illokutionärer Akt im Apelschen Sinne nicht die Handlung in Stufe a) sein kann; er ist entweder die in b) oder c).

deshalb als Analysemethode eher ungeeignet. Der Grund für Apels Vorschlag resultiert aus den Schwierigkeiten des Begriffs des Lokutionären von Austin. Wenn sich das Propositionale aber als die Lösung erweist, müssen wir uns nicht an den unangemessenen Begriff des Lokutionären anpassen und damit mehr Komplikationen schaffen.

2.3 Performativer und propositionaler Bestandteil

Statt der illokutionären Kraft und des propositionalen Gehalts sprechen Apel und Habermas auch von dem performativen und dem propositionalen Bestandteil. Der performative Bestandteil entspricht der hier genannten illokutionären Kraft, der propositionaler Bestandteil dem propositionalen Gehalt. Die Benennungen an sich stellen kein Problem dar, aber wie Apel und Habermas die zwei Bestandteile erklären, ist ein wenig einseitig. Sie zerlegen einen vom illokutionären Akt verwendeten Satz in zwei Teile: Der sogenannte dominierende Satz,[52] der die Form „Ich behaupte, dass…“ hat, in dem die Stelle des Verbs „behaupten“ durch andere illokutionäre Verben, wie „versprechen“ oder „fordern“ vertreten werden kann, ist der performative Bestandteil. Der zugehörige dass-Satz ist der propositionale Bestandteil.[53] Dementsprechend wird der Anschein geweckt, dass die illokutionären Akte nur durch die dominierenden Sätze ausgeführt werden können und dass die illokutionären Verben die illokutionäre Kraft bestimmen. Dies erweist sich als falsch. Die Form des dominierenden Satzes ist nur ein grammatisches Merkmal, das sich an dem Identifizieren eines illokutionären Akts beteiligen kann, aber weder das einzige noch das notwendige Kriterium ist. Ebenso gut sind die illokutionären Verben. Eine ernsthafte Äußerung verliert ihre illokutionäre Kraft nicht, auch wenn in ihr kein illokutionäres Verb in Erscheinung tritt. Es wird nicht behauptet, dass Apel und Habermas solche Missdeutungen beabsichtigt haben,[54] sondern nur, dass ihre Erklärungen zu solchen Missverständnissen führen könnten.

---

52 Sätze dieser Form nennt Searle und Vanderveken „performative Sätze“ (Foundations of Illocutionary Logic, S. 2 f.).

53 Apel, Die Logos-Auszeichnung der menschlichen Sprache, S. 119 f.; Habermas, Vorbereitende Bemerkungen zu einer Theorie der kommunikativen Kompetenz, S. 104. Den performativen Bestandteil nennt Habermas später „illokutiver Bestandteil“ (Was heißt Universalpragmatik, S. 406).

54 Habermas hat in einem späteren Aufsatz dieses mögliche Missverständnis ganz ausgeräumt: „Es ist nicht sinnvoll, den Begriff ›Bedeutung‹ für den propositionalen Bestandteil einer Sprechhandlung zu reservieren und die Bedeutung des illokutiven Bestandteils nur durch einen pragmatischen Operator (der eine bestimmte

Zu diesen Begriffen sind nur zwei wichtige Punkte zu nennen:

1) Die illokutionäre Kraft und der propositionale Gehalt sind keine Bestandteile einer bestimmten grammatischen Struktur, sondern zwei abstrahierte Momente der illokutionären Akte. Es ist zwar hilfreich, einen Satz in die Form des dominierenden Satzes umzuformulieren, um seine illokutionäre Kraft und seinen propositionalen Gehalt zu explizieren, aber die illokutionäre Kraft dieses Satzes wird nicht durch eine solche Umformulierung verliehen.
2) Diese Benennungen weisen darauf hin, dass der Begriff des Performativen bei den Diskursethikern dem des Illokutionären nahesteht. Sie können meistens als Synonyme betrachtet werden.

2.4 Satz, Aussage und Proposition

Das Wort „Satz“ wurde bislang mehrmals ohne Definition gebraucht. Wenn nun der Begriff des Illokutionären und der des Propositionalen zur Verfügung stehen, kann man leicht wiederkennen, was mit „Satz“ gemeint sein könnte. Dieses Wort kann, je nach Kontext, ein propositionaler Gehalt »*p*« oder dessen Kombination mit den illokutionären Kräften K»*p*« bedeuten.[55] Das Letztere ist ein illokutionärer Akt. Gleicherweise kann „Proposition“ einen propositionalen Gehalt oder einen illokutionären Akt bedeuten. Bei dem letzteren Fall ist „Proposition“ gleichbedeutend mit „Aussage“. Die Proposition als ein illokutionärer Akt, das heißt als eine Aussage, hat jedoch im Vergleich zu dem Satz als ein illokutionärer Akt einen engeren Sinnbereich. Ein Satz kann nämlich prinzipiell die illokutionären Akte aller Kräfte oder aller Modi bedeuten. Man kann sagen, dass ein Satz z. B. eine Behauptung, ein Versprechen oder ein Befehl ist. Eine Proposition oder eine Aussage ist aber traditionell mit einer bestimmten illokutionären Kraft verbunden. Sie können normalerweise nicht ein Versprechen oder einen Befehl, sondern nur eine Behauptung bedeuten. Deshalb kann man auch sagen, dass Aussagen und Propositionen Behauptungen sind, die manchmal als die assertorischen Sätze bezeichnet werden.

Ob und wie der Begriffsinhalt von Aussage und Proposition auf eine andere illokutionäre Kraft ausgedehnt werden kann, wird später zur Diskussion gestellt. Ich möchte lediglich hervorheben, dass man aufmerksam bei der Unterscheidung

---

illokutionäre Kraft bezeichnet) zu charakterisieren“ (Habermas, Was heißt Universalpragmatik, S. 416).

55 Dementsprechend nennt Habermas den propositionalen Gehalt „Satz“ oder „nicht stituierter Satz“ (Habermas, Was heißt Universalpragmatik, S. 387–389; siehe dazu Fn. 32).

sein muss, wenn von „Satz", „Aussage" und „Proposition" die Rede ist, ob sie nur den propositionalen Gehalt oder eher den illokutionären Akt bedeuten. Die Verwechslung dieser Begriffe wird zu einer Reihe von Problemen führen. Um diese Fehler zu vermeiden, werden diese Begriffe in dieser Arbeit folgendermaßen gebraucht: „Aussage" und „Proposition" stehen nicht für den propositionalen Gehalt, sondern ausschließlich für die Behauptung. „Satz" hat aber einen weiteren Gebrauchsbereich: Er kann einen propositionalen Gehalt oder einen illokutionären Akt bedeuten. Es ist für unsere Diskussion praktisch, eine solche flexible Definition beizubehalten. Demnach gilt:

> Der Satz für »*p*« oder K»*p*«, die Aussage, die Proposition und die Behauptung für *p* bzw. K_b»*p*«, der propositionaler Gehalt für »*p*«.

3. Behauptung

Die Wahrheit ist der Zentralbegriff für die Begründung der Diskursethik. Nach dem modernen sprachanalytisch philosophischen Zugang ist der Wahrheitsbegriff nur durch Sprachgebrauch bzw. die Behauptung zu verstehen. Das wird auch von der Diskursethik übernommen.

In diesem Kapitel werde ich zuerst ausarbeiten, dass sich die Theorien in Bezug auf den obengenannten Zugang in drei Ansätze einteilen lassen: der gegenstandstheoretische Ansatz, der intentionalistische Ansatz und der institutionelle Ansatz. Anschließend werde ich versuchen zu begründen, warum der institutionelle Ansatz der richtige ist. Der diskursethische Wahrheitsbegriff steht trotz einiger Unklarheiten und Probleme in enger Beziehung zu dem institutionellen Ansatz. Abschließend werde ich wiederum den institutionellen Ansatz verteidigen, indem ich aus dessen Sicht einige wichtige Fragen über die Wahrheit beantworte.

3.1 Was ist die Behauptung

Im letzten Kapitel habe ich festlegt, dass die Aussagen und die Propositionen die Behauptungen sind. Eine Behauptung ist nicht ein propositionaler Gehalt, sondern ein illokutionärer Akt, der einen propositionalen Gehalt auf bestimmte Weise verwendet. Diese „bestimmte Weise" ist die illokutionäre Kraft der Behauptung, die eine Behauptung von einem propositionalen Gehalt und von den illokutionären Akten anderer Kräfte unterscheidet. Der Charakter der illokutionären Kraft der Behauptung ist mit Wahrheit verbunden, denn die folgenden Ausdrücke haben dieselbe Bedeutung:

$$p \equiv K_b »p« \equiv »p« \text{ ist wahr} \equiv \text{Es ist der Fall, } »p«$$

Deshalb kann man sagen, dass der Wahrheitsanspruch den eigenen Charakter der Behauptung darstellt. Er ist die illokutionäre Kraft der Behauptung und die behauptende Kraft bei Frege. Die Benennung „Wahrheitsanspruch" ist nur ein Terminus. Wir nennen K_b einen Wahrheitsanspruch, weil nur K_b die Funktion hat, »*p*« an die Wahrheit anzuschließen. Bei anderen illokutionären Kräften finden wir diese Funktion nicht. Man kann natürlich eine andere Terminologie vorschlagen und benutzen. Wichtig ist nur, dass wir etwas benötigen, das eine Behauptung von anderen Dingen unterscheiden kann. Dieses unterscheidende Merkmal heißt in dieser Arbeit der Wahrheitsanspruch. Der Wahrheitsanspruch, die Behauptung und die Wahrheit sind drei zusammenhängende Begriffe. Die

Erklärung für irgendeinen von ihnen impliziert die Begriffsbestimmung für die anderen zwei. Eine Behauptungstheorie ist nicht von einer Wahrheitstheorie zu trennen und umgekehrt.

3.1.1 Der gegenstandstheoretische Ansatz

Alle Behauptungen müssen »*p*« haben, und »*p*« scheint leichter zu begreifen zu sein. Diesbezüglich wäre es sinnvoll, von »*p*« auszugehen, um die Behauptung und die Wahrheit zu erklären. Searle orientiert sich an dieser Auffassungsweise. Er unterscheidet zwei Sinne der Behauptung in Anlehnung an P. F. Strawson: Die Behauptung als Handlung (statement-act) und die Behauptung als Behauptetes (statement-object).[56] Das Erstere ist ein Sprechereignis (speech-episode) aber das Letztere nicht.[57] Nach Searle – und auch Strawson – ist es nicht die Behauptung als Handlung, sondern die Behauptung als Behauptetes, die wahr oder falsch sein kann. Mit anderen Worten: Was als wahr oder falsch bezeichnet wird, ist nicht der einzelne illokutionäre Akt als ein Sprechereignis, sondern, was durch den illokutionären Akt behauptet wird, das heißt der behauptete propositionale Gehalt (the proposition construed as stated).[58] Deshalb funktioniert die Behauptung nach Searle als ein Unternehmen, das zustande zu bringen, dass der behauptete propositionale Gehalt einen wirklichen Sachverhalt repräsentiert.[59] Diese Auffassung entspricht einer naiven Annahme, dass »*p*« für einen Sachverhalt steht. Wenn »*p*« für einen wirklichen oder existierenden Sachverhalt steht, ist »*p*« wahr. Demnach besagt der Wahrheitsanspruch nicht mehr als dass der mit »*p*« korrespondierende Sachverhalt existiert. Folglich ist die Behauptung die Handlung, einen solchen Anspruch zu erheben, und die Wahrheit ist die Übereinstimmung zwischen »*p*« und dem wirklichen Sachverhalt.

Nach unserem vorphilosophischen Wissen muss Sprache die Welt auf irgendeine Weise spiegeln können. Nun geht eine solche Erklärung wie die von Searle nur etwas weiter und genauer auf diese Basis ein: Es ist der propositionale Gehalt, der die Welt spiegelt und deshalb wahr oder falsch sein kann. Eine Behauptung bringt einfach den die Welt abbildenden propositionalen Gehalt hervor. Diese

56 Searle, Austin on Locutionary and Illocutionary Acts, S. 422.

57 Strawson, Truth, S. 190 ff.

58 Searle, Austin on Locutionary and Illocutionary Acts, S. 423 f.

59 Searle, Speech Acts, S. 66. Hier führe ich die „wesentlichen Regeln“ von Behauptung bei Searle an: „[Assert, state or affirm] Counts as an undertaking to the effect that p presents an actual state of affairs.“

naive Auffassung verschiebt ihre Erklärung für die Wahrheit und die relevanten Begriffe auf den wirklichen Sachverhalt, als ob er etwas Selbstverständliches wäre. Jedoch ist die Übereinstimmung zwischen »*p*« und einem wirklichen Sachverhalt nicht so einfach wie dass ein singulärer Terminus für einen Gegenstand steht.[60] Angenommen, dass »*p*« ein komplexer Satz, wie z. B. »Fa∨Hb« ist, was ist das dann für ein wirklicher Sachverhalt, mit dem die Disjunktion korrespondieren kann? Auch wenn »*p*« ein singulärer prädikativer Satz, wie z. B. »Fa« ist, fällt es schwer, einen wirklichen Sachverhalt für ihn zu finden. Denn „a" steht für einen konkreten Gegenstand, aber „F" nicht. Es ist der Fall, dass »Fa« über Peter ist, aber es ist nicht der Fall, dass »Fa« mit Peter korrespondiert.[61] Was mit dem bestimmten Mensch Peter korrespondieren kann, ist nur der singuläre Terminus „a". Falls man analog zu der Beziehung zwischen „a" und Peter auch eine Korrespondenz für „F" finden will, kann sie nur ein „Pseudomaterial" sein,[62] das kein konkreter Gegenstand wie ein bestimmter Mensch, Baum oder Hund ist. Das Gleiche gilt für »Fa«: Was mit »Fa« korrespondieren kann, ist auch kein konkreter Gegenstand. Eine Korrespondenz für »Fa«, die sich zu »Fa« genauso verhält wie der bestimmte Mensch Peter zu „a", findet man nicht. Weil der Sachverhalt, mit dem »*p*« als Ganzes korrespondiert, nicht als ein konkreter Gegenstand in der Welt besteht, liegt es nahe, ihn als einen abstrakten Gegenstand zu fassen. Aber wie Tugendhat bereits gründlich beweist, sind die Versuche nicht geglückt, »*p*« mit abstrakten Gegenständen zu korrelieren oder gleichzusetzen, weil sie zum Unverständnis statt Erleuchtung führen.[63] Diese falsche Richtung nennt er den gegenstandstheoretischen Ansatz,[64] der der sogenannten Korrespondenz-Theorie der Wahrheit nahesteht.[65]

Zusammengefasst liegt das Problem darin, dass alle außersprachlichen Erklärungen für die Bedeutung und das Verstehen der sprachlichen Ausdrücke nicht einleuchtend sein können. Frege hat uns gezeigt, dass „die Gedanken [sind] weder

---

60 In der Tat ist die Funktion eines singulären Terminus, für einen Gegenstand zu stehen, auch nicht einfach. Siehe dazu unten, S. 83 ff.

61 Vgl. dazu Strawson, Truth, S. 194.

62 Das Wort „Pseudomaterial" ist von Strawson übernommen (Truth, S. 195).

63 Dieses Thema wird von Tugendhat in „Einführung in die sprachanalytische Philosophie" ausführlich abgehandelt. Vgl. zu einem Überblick Tugendhat, Einführung in die sprachanalytische Philosophie, S. 161–175.

64 Tugendhat, Einführung in die sprachanalytische Philosophie, S. 240.

65 Vgl. zur Korrespondenz-Theorie der Wahrheit Tugendhat/Wolf, Logisch-semantische Propädeutik, S. 222–225.

Dinge der Außenweilt noch Vorstellungen“[66] sind. Ebenso sollte »*p*« nicht an die außersprachlichen abstrakten Gegenstände appellieren.[67] Wenn weder die konkreten noch die abstrakten Gegenstände die Lösung sind, wie können wir den wirklichen Sachverhalt noch erklären, der »*p*« wahr macht? Wird dem Begriff des Sachverhalts und der Korrespondenz-Theorie der Wahrheit der Boden entzogen? Stellen wir uns Folgendes vor: Wir behaupten »Fa« und sagen, dass »Fa« wahr ist, weil ers einem wirklichen Sachverhalt entspricht. Nun fragt der Adressat, „Was ist der wirkliche Sachverhalt, dem »Fa« entspricht?“ So würden wir die Frage beantworten: „Der wirkliche Sachverhalt liegt darin, dass da ein Mann steht, der der von mir gemeinte Peter ist, und dass sein jetziges Tun Rauchen ist.“ Diese – oder eine ähnliche – Antwort ist insofern notwendig, als wir uns nicht an die konkreten oder die abstrakten Gegenstände wenden dürfen. Aber nach kurzem Nachdenken werden wir erstaunt entdecken, dass unsere Erklärung für den wirklichen Sachverhalt nicht mehr als die Behauptung ist, dass Peter raucht! Wir haben K_b»Fa« ausgeführt, und dabei haben wir beansprucht, dass »Fa« einem wirklichen Sachverhalt entspricht. Aber um diesen wirklichen Sachverhalt zu erklären, müssen wir alternativlos K_b»Fa« noch einmal ausführen. Vielleicht ist der wiederholte K_b»Fa« inhaltlich präziser als der frühere K_b»Fa«, aber sie ist immer noch K_b»Fa«. Das heißt, dass nicht der Begriff des wirklichen Sachverhalts K_b»Fa«, sondern K_b»Fa« den Begriff des wirklichen Sachverhalts erklären kann. Wir gehen wieder an den Ausgangspunkt zurück.

Dieses Phänomen weist darauf hin, dass eine zufriedene Erklärung für Wahrheit und Behauptung eine ausreichende Analyse der Behauptung an sich erfordert. Falls wir die Erklärungen auf den Begriff des Sachverhalts verschieben, hören wir an dem Punkt auf, an dem die Untersuchung beginnen sollte. Der Sachverhalt ist nur eine andere Bezeichnung des propositionalen Gehalts. Ein wirklicher

---

66 Frege, Der Gedanke, S. 50.

67 Tatsächlich ist Frege auch wider die Korrespondenz-Theorie der Wahrheit (Der Gedanke, S. 38). Dazu gibt es zwei Punkte zu erklären: 1) Eigentlich ist Frege nicht nur wider die Korrespondenztheorie der Wahrheit, sondern auch wider die Definierbarkeit der Wahrheit. Jedoch zeigt Dummett mit Recht, dass Freges Argument gegen die Definierbarkeit der Wahrheit, d. h. die Endlosschleife, nur die Korrespondenz-Theorie der Wahrheit aber nicht die Definierbarkeit der Wahrheit widerlegen kann (Dummett, Frege, S. 442–444). 2) Erkennt Frege mit seinem „dritten Reich“ nicht schon die abstrakten Gegenstände und folglich den gegenstandstheoretischen Ansatz an (Der Gedanke, S. 50 f.)? Das ist eine mögliche Interpretation, aber weder die notwendige noch die bessere. Siehe dazu unten, „3.2.4. Wahrheit und abstrakte Gegenstände“.

Sachverhalt ist nicht mehr als ein wahrer »*p*«, und wie Frege schon gezeigt hat, nennen wir die beiden eine Tatsache.[68] Im Vergleich zu dem propositionalen Gehalt hat die Bezeichnung „Sachverhalt“ eine zusätzliche metaphorische Konnotation, auf die unsere vorphilosophische naive Intuition projiziert wird, aber ansonsten bietet sie nicht mehr. Wenn wir fälschlicherweise glauben, dass der Begriff des Sachverhalts uns mehr als der des propositionalen Gehalts anzeigen kann, tendieren wir dazu, wie der gegenstandstheoretische Ansatz, die Erklärungen in einem außersprachlichen Bereich zu finden. Das ist der Grund, weshalb sich der gegenstandstheoretische Ansatz und die Korrespondenz-Theorie der Wahrheit aufeinander beziehen und die beiden ebenso unhaltbar sind.

3.1.2 Der intentionalistische Ansatz

Weil der Begriff des Sachverhalts nichts erklärt, kann man natürlich auch nicht verstehen, wie eine Behauptung „zustande bringt“, dass der behauptete »*p*« einen wirklichen Sachverhalt repräsentiert oder einen die Welt abbildenden »*p*« „vorbringt“. Vielleicht ist diese Schwierigkeit der Grund dafür, dass Searle später eine psychologische Erklärung anstrebt. In “Expression and Meaning„ kann man neben der alten Auffassung noch eine neue Auffassung finden: Mit einer Behauptung drückt der Sprecher aus, dass er »*p*« glaubt.[69] In der Tat entwirft Searle keine neue Einsicht, sondern kehrt einfach zum intentionalistischen Ansatz von H. P. Grice zurück. Nach Grice bewirkt der Sprecher absichtlich mit einer Behauptung den Adressaten dazu, zu glauben, dass der Sprecher »*p*« glaubt.[70] Auf den ersten Blick scheint der intentionalistische Ansatz die unklaren Ausdrücke „zustande bringen“ und „vorbringen“ verdeutlichen zu können. Sie bedeuten, dass wir den

---

68 „Eine Tatsache ist ein Gedanke, der wahr ist“ (Frege, der Gedanke, S. 57 f.). Habermas zeigt auch mit Recht, dass „das Korrespondenzverhältnis zwischen Aussage und der Realität wiederum nur durch Aussagen bestimmt werden“ kann (Wahrheitstheorien, S. 133). Jedoch scheint er die falsche Denkweise der Korrespondenz-Theorie noch nicht ganz entfernt zu haben, wenn er der obigen These von Frege nicht folgt, sondern sagt, „Die Aussagen müssen zu den Tatsachen passen und nicht die Tatsachen zu den Aussagen“ (Wahrheitstheorien, S. 133). Später werden wir sehen, dass Habermas in Wirklichkeit von Anfang bis zum Ende nicht völlig aus dem Schatten der Korrespondenz-Theorie heraustritt.

69 Searle, Expressing and Meaning, S. 4, 12. Das deutsche Wort „glauben“ ist im jetzigen Zusammenhang gleichbedeutend mit dem englischen Wort „believe“.

70 Grice, Utterer’s Meaning, Sentence-Meaning and Word-Meaning, S. 59. Diese Formulierung weicht von seiner älteren Formulierung in „Meaning“ ab. Vgl. dazu ders., Meaning, S. 384 f.

Anderen unseren psychologischen Zustand über »*p*« – bei der Behauptung ist er unser Glaube an »p« – aufzeigen. Dieser Ansatz ist jedoch wegen folgender drei Gründe unhaltbar:

1) Eine Behauptung könnte den psychologischen Zustand des Sprechers enthüllen, aber es ist falsch, sie auf eine Mitteilung unseres psychologischen Zustands zu reduzieren. Bei Behauptungen wollen wir normalerweise nicht nur den Adressaten über unseren Glauben an etwas informieren, sonst sieht unser Sprachgebrauch ganz anders aus.[71]
2) Sofern wir der Behauptung beim Selbstgespräch Rechnung tragen wollen, ist dieser Ansatz fehlerhaft, denn er passt offensichtlich nicht zu solchen Fällen.[72]
3) Der intentionalistische Ansatz hat so wenig gesagt wie der gegenstandstheoretische Ansatz. Der Letztere versucht, *p* anhand des wahren »*p*« zu erklären, deshalb bemüht er sich, den wahren »*p*« im Anschluss an den wirklichen Sachverhalt zu verdeutlichen, obwohl dieser Versuch auf der Stelle tritt. Der Erstere versucht, *p* anhand des Glaubens an »*p*« zu erklären, aber was heißt, dass wir »*p*« glauben, wird überhaupt nicht verdeutlicht.

Im Ergebnis machen der intentionalistische und der gegenstandstheoretische Ansatz den gleichen Fehler. Sie setzen nämlich voraus, wie man »*p*« bei *p* versteht, aber genau das ist die zu beantwortende Frage. Dummetts Kommentar hierzu ist einsichtig:

> "(…) they purport to explain what it is to make an assertion with a certain content, given that we already grasp the notion of something's having that content. That is to say, they aim to characterize asserting that something is the case, on the assumption that we already know what it is to have the information that it is the case (McDowell), or to ascribe to someone a belief that it is the case (Strawson). However, being informed that such-and-such is so and believing that such-and-such is so both obviously involve having the thought strategy of explanation takes as already given the conception of the thought expressed by a sentence, and, at most, explains what it is to assert that that thought is true."[73]

Hier ist anzumerken, dass wir diesen drei Problemen auch drei Hinweise für unsere Themen abgewinnen können. Das erste Problem legt die Annahme nahe, dass die Absicht des Sprechers bei einer Behauptung, seinen Glauben an »*p*« aufzuzeigen, nur eine Folge der Primärabsicht ist.[74] Außerdem muss die Erklärung

71 Vgl. dazu Dummett, Language and Communication, S. 171.
72 Tugendhat, Einführung in die sprachanalytische Philosophie, S. 237.
73 Dummett, Language and Communication, S. 172.
74 Tugendhat, Einführung in die sprachanalytische Philosophie, S. 234.

für die Behauptung mit unserem Sprachgebrauch im Einklang stehen. Bisher ist es gerechtfertigt, zu vermuten, dass sowohl der gegenstandstheoretische als auch der intentionalistische Ansatz einige wichtige Momente unserer Praxis bezüglich der Behauptung unter den Tisch fallen ließ. Das zweite Problem ist für die Diskursethik besonders bedeutsam, weil nach ihr ein Behauptungsbegriff auch Selbstgespräche einschließen können sollte. Ein neuer, besserer Ansatz muss das dritte Problem lösen, indem er erklären kann, wie man »*p*« bei *p* versteht.

3.1.3 Der institutionelle Ansatz

Jetzt möchte ich auf die eingangs formulierte Äquivalenz zurückkommen. Hier sollte nur dieser Teilabschnitt wiederholt werden: $p \equiv$ »*p*« ist wahr. Wir haben gesehen, dass die scheiternden zwei Ansätze von der rechten Seite ausgehen und versuchen, durch irgendwelche Beschaffenheit von »*p*« zu erklären, wann »*p*« wahr ist, um *p* zu erklären. Diese Auffassung steht zu der Auffassung, dass die Behauptung als Behauptetes der Wahrheitsträger ist, in enger Beziehung. Wir haben auch gesehen, dass diese Auffassung scheitert, weil letztendlich nur *p* alle Erklärungsversuche anhand der Beschaffenheit von »*p*« erklären kann, und weil das Verstehen von »*p*« dabei nur vorausgesetzt, aber nicht erklärt wird. Nun sollten wir vielleicht von der linken Seite ausgehen. Da *p* im Wesentlichen ein illokutionärer Akt ist, fangen wir nun von einer entgegengesetzten Auffassung an. Der Wahrheitsträger ist nicht die Behauptung als Behauptetes, sondern die Behauptung als Handlung bzw. als ein Sprechereignis. Diese von Austin vorgeschlagene und von Donald Davidson befürwortete Auffassung ist genau das,[75] was Searle und Strawson angreifen. Nach dem Scheitern der zwei Ansätze lohnt es sich nun, sie noch einmal zu überdenken. Das bedeutet nicht, dass wir Austins korrespondenztheoretischer Tendenz auch folgen müssen, sondern nur, dass wir der Struktur der Behauptung als ein Sprechereignis mehr Aufmerksamkeit schenken sollten.

Nicht nur Austin und Davidson bewegen sich in diese Richtung. Tugendhat und Habermas richten ihr Augenmerk auch auf die Behauptung als Handlung.[76]

---

75 Austin, Truth, S. 119–122; Davidson, Truth and Meaning S. 169.

76 Auf den ersten Blick scheint Habermas nicht diese Linie, sondern die von Strawson gewählt zu haben (Wahrheitstheorien, S. 127 f). In Wirklichkeit erlaubt seine Meinung zwei Interpretationsmöglichkeiten wegen Unklarheit und Inkonsistenz. Im Folgenden konzentriert sich die Diskussion nur darauf, wie die Meinungen von Habermas als die Auffassung interpretiert werden kann, dass die Wahrheit unter der Behauptung als Handlung zu verstehen ist. Die Probleme der anderen Interpretationsmöglichkeit, die

Es ist für unsere Thematik besonders sinnvoll, die Meinungen von Tugendhat und Habermas zu vergleichen, weil sie beim ersten Schritt in dieselbe Richtung gehen, aber letztendlich an verschiedenen Zielorten ankommen: Während der Begriff der Behauptung der Diskursethik als ein wichtiges Argument dient, gilt Tugendhat als einer der schärfsten Kritiker der Diskursethik.

3.1.3.1 Behauptung als Eröffnungszug und Ausgang eines Sprachspiels

Der bekannte Grundsatz von Searle, dass Sprechen ein regelgeleitetes Verhalten ist,[77] wird bei der Erklärung der Behauptung nicht von ihm selbst, sondern von Habermas und Tugendhat vollständig ausgearbeitet. Sie beachten, dass das hinweisende Anzeichen für die Regelgeleitetheit der Behauptungen in den Reaktionen der Adressaten liegt, was die früheren Philosophen vernachlässigt haben.[78] Zu einer Behauptung ist es für die Adressaten immer möglich, eine Ja- oder Nein-Stellung einzunehmen. Wenn ein Adressat die Behauptung eines Sprechers verneint, widersprechen sie sich. Bezeichnen wir den Sprecher in diesem Fall als Behaupter und den Adressaten als Gegenbehaupter. Tugendhat verweist darauf, dass sich der Behaupter und der Gegenbehaupter bei einem solchen Widerspruch auf dasselbe beziehen: Der eine verneint, was der andere bejaht.[79] Diesbezüglich gibt es drei erwähnenswerte Punkte:

1) Weil es keine absolute Unterscheidung zwischen bejahenden und verneinenden Behauptungen gibt – sie sind nur die Negationen voneinander –, wird die Unterscheidung zwischen Behaupter und Gegenbehaupter auch relativiert wie Bejahung und Verneinung.[80]
2) Die fragenden, zweifelnden, kritischen usw. Reaktionen beziehen sich formal auf dieselbe Weise auf eine Behauptung wie die Verneinungen. Das heißt, dass diese Reaktionen auch als Verneinungen angesehen werden können, weil sie

Wahrheit unter der Behauptung als Behauptetes zu verstehen, werden sich im Verlauf zeigen.

77 Searle, Speech Acts, S. 12.

78 Sie sind natürlich nicht die beiden Einzigen. Nach Tugendhat stammt diese Idee von Wittgenstein und wird vor allem von Dummett ausgearbeitet (Einführung in die sprachanalytische Philosophie, S. 253; vgl. dazu Dummett, Frege, S. 295 ff.). Außerdem kann man eine ähnliche Idee auch bei Paul Lorenz finden (Normative Logic and Ethics, S. 27 ff.).

79 Tugendhat, Einführung in die sprachanalytische Philosophie, S. 243.

80 Tugendhat, Einführung in die sprachanalytische Philosophie, S. 68, 243; siehe auch oben, S. 21.

die Gegenposition einer Behauptung einnehmen wie die Verneinungen, wenn wir alle subjektiven kommunikativen Momente (wie z. B. Maß an Gewissheit, diplomatische Absichten usw.) aus ihnen entfernen.[81] Daher nimmt ein Adressat eine Nein-Stellung ein, nicht nur wenn er wörtlich „Nein" benutzt. Vielmehr gehören eine Reihe typischer Reaktionen auf eine Behauptung zu der Nein-Stellungnahme. Dieser von Tugendhat erläuterte Verneinungsbegriff entspricht ungefähr der von Habermas genannten „Problematisierung des Wahrheitsanspruchs" in der folgenden Diskussion.

3) Die oben vorgestellten Reaktionen, die im Umkreis der Dichotomie von Bejahung und Verneinung erfolgen können und Tugendhat „Antworten" nennt,[82] deuten schon eine Regelgeleitetheit an, die trotzdem noch zu klären ist. Die Antworten unterscheiden sich von anderen psychologischen oder psychischen Reaktionen in ihrer Regelgeleitetheit.

Wozu führen diese drei Punkte? Zuerst kann man erkennen, dass eine Behauptung nicht eine „Einbahnstraße",[83] sondern eine kooperative Aktivität ist, bei der der Behaupter und der Gegenbehaupter auf etwas Gemeinsames zielen.[84] Aber wie können sie mit Gegenstellungnahmen kooperativ auf etwas Gemeinsames zielen? Ein passendes Beispiel wäre ein Spiel, in dem zwei Parteien füreinander Gegenspieler sind, die trotz eines wetteifernden Verhältnisses die Spielregeln befolgen und beide das Ziel verfolgen, zu gewinnen. Das ist genau Tugendhats Idee. Auf der Basis der Verneinung- und Kooperationsmöglichkeit schlägt er vor, eine Behauptung als den Eröffnungszug des Sprachspiels zu verstehen, in dem der Sprecher *p* als seine Position übernimmt und den Adressaten herausfordert, $\neg p$ als seine Gegenposition zu übernehmen.[85] In diesem Sinne ist dieser Eröffnungszug im Wesentlichen eine Garantie: Der Sprecher garantiert, dass »*p*« wahr ist, während der Gegenspieler garantiert, dass »$\neg p$« wahr ist.[86] Denn „wer eine Garantie übernimmt, verbürgt sich dafür, dass gewisse von ihm angegebene Bedingungen erfüllt sind".[87] Eine Behauptung besteht darin, „für ihre

81 Tugendhat, Einführung in die sprachanalytische Philosophie, S. 243 f.
82 Tugendhat, Einführung in die sprachanalytische Philosophie, S. 243 f.
83 Tugendhat, Einführung in die sprachanalytische Philosophie, S. 243.
84 Dieser Anhaltspunkt ist auch der Beweis, dass der intentionalistische Ansatz zu unserem Sprachgebrauch nicht passt, weil er diesen kooperativen Charakter nicht begreifen kann (vgl. dazu Tugendhat, Einführung in die sprachanalytische Philosophie, S. 237).
85 Tugendhat, Einführung in die sprachanalytische Philosophie, S. 253 f.
86 Tugendhat, Einführung in die sprachanalytische Philosophie, S. 254.
87 Tugendhat, Einführung in die sprachanalytische Philosophie, S. 254.

Wahrheitsbedingungen zu garantieren".[88] Aber was genau ist das? Wenn es um Wahrheitsbedingungen geht, würde man sich an Taskis „Äquivalenz der Form (T)" erinnern:[89]

„(T) *X* ist wahr genau dann, wenn *p*."

Zwar können die Wahrheitsbedingungen durch wenn-Sätze expliziert werden, aber das ist nur insofern möglich und bedeutsam, als *X* zu der Objektsprache und *p* zu der Metasprache gehört, in der wir schon über einen Wahrheitsbegriff verfügen. Das heißt nicht, dass (T) überhaupt überflüssig ist, sondern wie Davidsons Einsicht, dass eine Wahrheitstheorie mit einer Bedeutungstheorie verbunden ist.[90] Das ist auch Tarskis Beitrag zu der Fregeschen Tradition.[91] Trotzdem müssen wir auch einräumen, dass nur (T) nicht für unseren Zusammenhang ausreicht, denn nach dem vorliegenden Ergebnis ist eine Behauptung *p* die Garantie für ihre Wahrheitsbedingungen, aber diese Wahrheitsbedingungen nach (T) können wieder nur durch *p* expliziert werden. Gibt es denn eine weitere Möglichkeit, die Wahrheitsbedingungen anders zu erklären? Hier macht Tugendhat eine interessante Zäsur, die seinen Vorschlag und die Diskursethik eine gemeinsame Basis haben lässt: Denn „wer eine Garantie versteht, kennt die Kriterien, durch die entschieden wird, ob sie erfüllt oder nicht"[92]. Auf die gleiche Weise verstehen wir die garantierten Wahrheitsbedingungen, wenn wir wissen, wie sie zu verifizieren sind, das heißt, wenn wir die Verifikationsregeln für sie beherrschen.[93] Deshalb ist eine Behauptung die Garantie für die Erfüllung ihrer Wahrheitsbedingungen, das heißt für die Verifizierbarkeit ihrer Wahrheit.[94] Damit bezeichnet Tugendhat das komplette von der Behauptung eröffnete Spiel folgendermaßen:

> „Ein Sprecher äußert einen assertorischen Satz »p«. Dem Hörer steht es frei, sich als bloßer Zuschauer zu verstehen oder als Spielpartner. In letzterem Fall übernimmt er die Gegenpartie, indem er die Negation von »p« äußert. Es genügt aber auch, dass Sprecher und Hörer wissen, dass der Hörer (oder irgendjemand) den Gegenpart übernehmen

88 Tugendhat, Einführung in die sprachanalytische Philosophie, S. 255.

89 Tarski, Die semantische Konzeption der Wahrheit und die Grundlagen der Semantik, S. 145. Es ist zu beachten, dass nach Tarski (T) keine vollkommene Definition der Wahrheit ist. Eine allgemeine Definition der Wahrheit ist die Konjunktion aller Sätze in der Form (T).

90 Davidson, Truth and Meaning, S. 160.

91 Siehe dazu unten, S. 65 f.

92 Tugendhat, Einführung in die sprachanalytische Philosophie, S. 258.

93 Tugendhat, Einführung in die sprachanalytische Philosophie, S. 258.

94 Tugendhat, Einführung in die sprachanalytische Philosophie, S. 259.

> könnte. Die Spielregel besteht nun in der Befolgung der Verifikationsregel. Die Verifikationsregel ist so beschaffen, dass ihre Befolgung entweder für den Sprecher oder für seinen Gegner zu einem positiven Ergebnis führt, mit der den Spielausgang definierenden Konsequenz, dass es zu einer Übereinstimmung zwischen Sprecher und Gegner kommt, und zwar so, dass entweder der Sprecher der ursprünglichen Behauptung des Gegners zustimmt oder umgekehrt."[95]

Obwohl die hier genannten Verifikationsregeln noch zu erklären sind, können wir Tugendhats Vorschlag vorläufig zusammenfassen:

1) Eine Behauptung *p* eröffnet ein Spiel, indem der Sprecher garantiert, dass *p* verifizierbar ist.
2) Dieses Spiel läuft so ab wie ein Verifikationsprozess, dass der Sprecher/Behaupter und der Adressat/Gegenbehaupter zusammen nach den Verifikationsregeln prüfen, ob die vom Behaupter übernommene Garantie eingelöst werden kann oder umgekehrt.
3) Wenn *p* die Verifikation besteht, muss der Gegenbehaupter dem Behaupter zustimmen, dass »*p*« wahr ist. Wenn das Gegenteil der Fall ist, muss der Behaupter dem Gegenbehaupter zustimmen, dass »¬*p*« wahr ist. Der Ausgang dieses Spiel ist wieder eine Behauptung als eine Übereinstimmung: *p* oder ¬*p*.

Hätte Tugendhat Recht, könnte die Wahrheit als ein Spielerfolg angesehen werden. Ein Spiel ist begrifflich durch die möglichen Konsequenzen, Gewinnen oder Verlieren, definiert. Bei diesem von einer Behauptung eröffneten Spiel gibt es auch solche Konsequenzen: Der Behaupter von *p* kann das Spiel gewinnen oder verlieren. Trotzdem benennen wir diese Konsequenzen etwas anders. Der Behaupter „gewinnt" genau dann, wenn sich »*p*« bei der Verifikation als wahr erweist; der Gegenbehaupter „gewinnt" genau dann, wenn sich »¬*p*« bei der Verifikation als wahr erweist.[96] Das ist der Grund, warum der Wahrheitsträger nicht die Behauptung als Behauptetes, sondern die Behauptung als Handlung ist. Denn ein Spielerfolg kann nur einer Spielhandlung zugeordnet werden.

Aber hat Tugendhat Recht? Zur Prüfung seines Vorschlags gibt es drei Aspekte. Der erste Aspekt betrifft die ontologischen Probleme. Es ist wider unsere Intuition, die Wahrheit als einen Spielerfolg und die Behauptung als eine Handlung zu betrachten. Ist es nicht der Fall, dass »*p*« an und für sich immer wahr ist, wenn »*p*« eigentlich wahr ist, egal ob »*p*« von einer Handlung *p* verwendet wird, um das

---

95 Tugendhat, Einführung in die sprachanalytische Philosophie, S. 259. Das Symbol „»p«" bei Tugendhat ist gleichbedeutend mit dem Symbol „*p*" in dieser Arbeit. Das Gleiche gilt auch für die folgenden Zitate von Tugendhat.

96 Tugendhat, Einführung in die sprachanalytische Philosophie, S. 261.

Sprachspiel zu eröffnen? Warum kann es hinter verschiedenen Sprechereignissen nur eine Aussage geben? Sollten wir nicht endlich die abstrakten Gegenstände für »*p*« und für seine Wahrheit wie das „dritte Reich" bei Frege anerkennen? Der zweite Aspekt betrifft die drei Hinweise, die wir den Problemen des intentionalistischen Ansatzes abgewonnen haben. Alle diesen Fragen werden im nächsten Unterkapitel beantwortet, nachdem die oben genannte Verifikationsregel und die Bedeutung von »*p*« noch weiter erläutert wurden. Der dritte Aspekt geht darauf ein, dass Tugendhats Idee unnötig oder überflüssig zu sein scheint.

Nach Tugendhat fordert der Sprecher bei *p* den Adressaten heraus, $\neg p$ als die Gegenposition zu übernehmen, und danach folgt ein Verifikationsprozess für die beiden. Aber in manchen Situationen, besonders wenn der Sprecher eine sogenannte wohlbekannte Tatsache behauptet, könnte der Adressat dem Sprecher sofort zustimmen, ohne wahrnehmbar die Gegenposition zu übernehmen und den Verifikationsprozess auszulösen. Der Adressat wäre in Wirklichkeit nie ein Gegenbehaupter. Bedeutet das nicht, dass Tugendhat ein eigentlich viel einfacheres Problem verkompliziert hat? Wird der Behauptung zu viel zugeordnet? Zuerst muss man beachten, dass Tugendhats Vorschlag im Rahmen der Regelgeleitetheit, aber nicht der Regelmäßigkeit der Behauptung besteht. Eine regelgeleitete Aktivität könnte auf vielfältige Weise geschehen, aber immer noch von denselben Regeln geleitet werden. Zum Beispiel sieht der Ablauf jedes Fußballspiels nicht gleich aus, trotzdem fallen sie alle hinsichtlich der Fußballregeln unter den Begriff „Fußballspiel". Nun lautet die richtige Fragestellung wie folgt: Kann Tugendhats Vorschlag die einfachen Fälle, in denen der Adressat dem Sprecher sofort zustimmt, nämlich die Behauptung gleich bejaht wird, auch abdecken? Die Antwort ist Ja. Denn egal, ob der Adressat die Behauptung sofort bejaht oder nicht, besteht immer noch die Möglichkeit, die Behauptung zu verneinen und zu verifizieren. Mit anderen Worten: Die einfachen Fälle liegen auch innerhalb des Rahmens des von der Behauptung eröffneten Sprachspiels, nur haben sie einen verkürzten Ablauf im Vergleich zu den paradigmatischen Fällen. So können wir diese einfachen Fälle verstehen: Während der Behaupter bei *p* den Adressaten zu dem Sprachspiel herausfordert, weiß der Adressat aufgrund seines Wissens sofort, dass er *p* nach der Verifikationsregel nur bejahen kann. In jedem Wissenssystem gibt es immer solche *p*, bei denen der Sprecher normalerweise sofort „gewinnen" kann. In diesen Fällen sind die Auseinandersetzungen zwischen zwei Gegenpositionen auf null reduziert, aber die Regeln des Spielprozesses werden dadurch nicht entkräftet, sondern vorausgesetzt.

Man könnte auch bezweifeln, ob Tugendhats Vorschlag überhaupt trivial ist, weil der Behauptung zu wenig zugeordnet wird. Ist es nicht der Fall, dass wir mit den Behauptungen Handlungskooperationen außerhalb des von ihr eröffneten

Sprachspiels in Gang setzen oder sogar Pflichten – auch außerhalb des Sprachspiels – entstehen lassen können? Müssen alle diese Elemente nicht in den Behauptungsbegriff eingeschlossen werden? Sagen wir nicht, dass eine Behauptung normalerweise als eine Mitteilung fungiert, was ich bereits zuvor erwähnt habe? Alle solchen typischen Funktionen infolge einer Behauptung scheinen von Tugendhat aus dem Behauptungsbegriff entnommen zu werden, weil er seine Errichtung dieses Begriffs nur auf den Umkreis des Sprachspiels an sich beschränkt. Macht sein Vorschlag mit dieser Einschränkung die Behauptung zu einem Leerbegriff?

Ich halte eine radikale Einschränkung für berechtigt, wenn wir jetzt nach einem allgemeinen Begriff der Behauptung streben, der zu unserem Sprachgebrauch passen muss. Dieses vorausgesetzte Ziel ist zumindest als erster Schritt zwingend. Der Anhaltspunkt liegt darin, dass die obengenannten typischen Funktionen der Behauptung genau genommen nur einen Sammelbegriff konstruieren. Sie beziehen sich auf die Zwecke, die wir mit einer Behauptung erreichen wollen, oder auf die Auswirkungen, die nach einer Behauptung geschehen könnten. Aber wofür man eine Behauptung ausführt, können wir nicht aufzählen, da es zahllose verschiedene Absichten gibt. Wozu eine Behauptung das Sprachspiel außerdem führen könnte, kann man weder kausal noch analytisch bestimmen, wenn keine anderen Voraussetzungen gegeben sind. Das heißt, dass diese Funktionen die üblichsten Benutzungsweisen der Behauptung widerspiegeln, die zu ihrer Regelmäßigkeit, aber nicht zu ihrer Regelgeleitetheit gehören. Diese Funktionen sind nur einige der möglichen Benutzungsweisen der Behauptung, die für die Definition eines allgemeinen Behauptungsbegriffes nicht geeignet sind. Wir können sagen, dass eine Behauptung in bestimmten Kontexten, z. B. als eine Mitteilung fungieren kann, eine Handlungskooperation verursachen würde, einen anderen zu etwas verpflichten könnte, aber keine von ihnen ist für den Behauptungsbegriff notwendig. Zum Beispiel hat Mitteilung die Bedeutung, dass wir damit einen anderen wissen lassen, was er vorher nicht wusste. Eine Behauptung kann, aber muss nicht als eine Mitteilung fungieren. Wir können absichtlich etwas behaupten, was der Adressat bereits gewusst hat, nur weil wir mit ihm darüber diskutieren, oder weil wir irgendwelche Emotionen bei ihm auslösen wollen. Die Allgemeinheit, die wir aus der die Behauptung umgebenden Vielfalt herausfinden können, ist nur die Regelgeleitetheit innerhalb des Sprachspiels genau wie bei Tugendhats Vorschlag. Lediglich dieses Merkmal befindet sich bei allen Aktivitäten, die wir Behauptungen nennen. Wenn irgendwelche Absichten und Folgen dem Behauptungsbegriff zugeschrieben werden müssen, sind sie nichts Weiteres als die Absicht, an dem Sprachspiel teilzunehmen, nichts Anderes als die Folgen, im Spiel zu bejahen, zu verneinen und zu verifizieren. Schon früh weist Ludwig

Wittgenstein auf das Problem hin, die Behauptung mit einer gewohnten Funktion anzukoppeln.[97] Seine Metapher leuchtet ein:

> „»Die Uhr zeigt uns die Zeit an. Was die Zeit ist, ist noch nicht entschieden. Und wozu man die Zeit abliest – das gehört nicht hierher.«"[98]

Ich verneine die Möglichkeit nicht, dass wir Menschen mithilfe der Behauptung Handlungen lenken und zusammenarbeiten können. Ich zeige nur, dass solche Funktionen nicht unmittelbar auf den Behauptungsbegriff zurückzuführen sind, und diese These bestätigt sich durch eine ausreichende Nachprüfung der Allgemeinheit aller Äußerungen, die unter den Behauptungsbegriff fallen, ohne an Grenzfälle zu appellieren. Es ist natürlich sinnvoll, zu untersuchen, wie sich die Behauptungen zu manchen externen Pflichten und Handlungskooperationen verhalten. Aber wir müssen uns dessen bewusst sein, dass wir dabei nicht über einen allgemeinen Behauptungsbegriff, sondern über manche spezielle Funktionen der Behauptung unter bestimmten Bedingungen, Voraussetzungen oder in gewissen Kontexten diskutieren. Wenn man diese zwei Aspekte unvorsichtig gleichsetzt, bekommt man eine umstrittene und verwirrende Definition der Behauptung, weil sie nur eine geringe Anzahl von Fällen erklären kann.

3.1.3.2 Das Sprachspiel als eine Institution

3.1.3.2.1 Das Problem der Dichotomie zwischen Handeln und Diskurs

Dass die Behauptung ein Sprachspiel eröffnet, dadurch dass wir die Behauptung bejahen, verneinen und verifizieren können, sieht Habermas auch. Diese Regelgeleitetheit wird von ihm in den Rahmen der Dichotomie von Handeln und Diskurs eingebettet, der aber nicht nur unnötig, sondern auch irreführend ist:

> „Unter dem Stichwort »Handeln« führe ich den Kommunikationsbereich ein, in dem wir die in Äußerungen (auch in Behauptungen) implizierten Geltungsansprüche stillschweigend voraussetzen und anerkennen, um Informationen (d. h. handlungsbezogene Erfahrungen) auszutauschen. Unter dem Stichwort »Diskurs« führte ich die durch Argumentation gekennzeichnete Form der Kommunikation ein, in der problematisch gewordene Geltungsansprüche zum Thema gemacht und auf ihre Berechtigung hin untersucht werden. Um Diskurse zu führen, müssen wir in gewisser Weise aus Handlungs- und Erfahrungszusammenhängen heraustreten; hier tauschen wir keine Informationen

97 Wittgenstein, Philosophische Untersuchungen, § 363.
98 Wittgenstein, Philosophische Untersuchungen, § 363.

aus, sondern Argumente, die der Begründung (oder Abweisung) problematisierter Geltungsansprüche dienen."[99]

Der Geltungsanspruch hier bei der Behauptung ist der Wahrheitsanspruch.[100] Daraus folgt, dass die Anerkennung oder die Voraussetzung des Geltungsanspruchs bei Habermas zumindest als die Bejahung angesehen werden sollte, genau wie die Problematisierung des Geltungsanspruchs als die Verneinung. Außerdem sehen der Diskurs und die Verifikation ganz ähnlich aus. Bis hierhin ist alles in Ordnung. Dann muss man sich aber fragen, warum man nur bei Bejahungen Informationen bzw. Erfahrungen austauschen kann, während man bei Verifikationen keine Informationen erhält. Denn auch wenn sich der Sprecher und der Adressat gegenseitig widersprechen, können sie schon in irgendwelchem Sinne Informationen oder Erfahrungen ausgetauscht haben, wie z. B., dass sie dadurch die Meinung ihrer Gegenbehaupter erfahren können. Ob wir Informationen austauschen können, hängt von den Kontexten und von unseren Interessen ab, aber nicht davon, ob wir eine Behauptung bejahen oder nicht. Um eine Behauptung zu verifizieren, ist es vielleicht nicht notwendig, aber ganz gewöhnlich und manchmal hilfreich, neue Informationen oder Erfahrungen einzubringen.[101] Die Dichotomie von Handeln und Diskurs ist deshalb keine regelgeleitete Notwendigkeit wie Bejahung und Verneinung, sondern nur eine mögliche Benutzungsweise bezüglich der Behauptung unter allen Möglichkeiten. Sie hätte in irgendwelchen

---

99 Habermas, Wahrheitstheorien, S. 130 f. In der folgenden Diskussion nenne ich dieses Zitat das erste Zitat.

100 Habermas, Wahrheitstheorien, S. 129.

101 Zu diesem Punkt bietet Alexy eine Interpretation an: „Dass Diskurse erfahrungsfrei sind, bedeutet also nicht, dass in sie keine Erfahrungen eingehen, sondern nur, dass in ihnen keine Erfahrungen gewonnen werden. In Diskursen wird die Gesamtheit der in Handlungen gewonnen Erfahrungen bis auf die, die problematisiert werden, vorausgesetzt." (Alexy, Theorie der juristischen Argumentation, S. 139 f.) Diese Interpretation kann das Problem nicht lösen. Stellen wir uns ein Beispiel vor: Die Behauptung, dass Peter gestern Abend zwischen 6 und 9 Uhr ununterbrochen in der Bibliothek geblieben ist, wird von Jochen problematisiert. Im Diskurs führt Jochen seine Erfahrung sowohl als eine Behauptung als auch als ein Argument an, dass er gestern Abend zwischen 7 und 8 Uhr mit Peter in der Sporthalle Basketball gespielt hat, um die problematisierte Behauptung zu widerlegen. In diesem Fall hat Jochen gemäß Alexys Definition außer der problematisierten Behauptung nichts Anderes bezweifelt, aber wie kann man sinnvoll sagen, dass in diesem Diskurs keine Erfahrung gewonnen wird, wenn Jochen seine „Erfahrung" als ein Argument angibt? Hier geht es um den Kern dieses Problems: Das Wort „Erfahrung" wird nicht von Habermas präzis definiert und widerspruchsfrei gebraucht. Das sehen wir sofort.

Kontexten ein theoretisches Interesse, aber zumindest können wir sagen, dass sie nicht sinnvoll für die Untersuchung eines allgemeinen Behauptungsbegriffs ist.[102]

Man würde einwenden, dass ich die Informationen und die Erfahrungen umgangssprachlich verstanden habe, die bei Habermas jedoch Terminologien sind. Zwar kann man bei genauerem Hinsehen erkennen, dass Habermas diesen Wörtern besondere Bedeutungen gegeben hat. Das macht die Dichotomie von Handeln und Diskurs aber nicht klarer, sondern noch problematischer:

> „Im Handlungszusammenhang hat die Behauptung die Rolle einer Information über eine Erfahrung mit Gegenständen, im Diskurs hat sie die Rolle einer Aussage mit problematisiertem Geltungsanspruch. Der gleiche Sprechakt bringt dort eine Erfahrung zum Ausdruck, die objektiv oder bloß subjektiv, hier einen Gedanke, der wahr oder falsch ist."[103]

Hier bestätigt er, dass die sogenannten Informationen über Erfahrungen eigentlich zu einer Rolle der Behauptung gehören. Das entspricht auch unserem früheren Ergebnis: Die Behauptung hat viele Funktionen, und sie kann natürlich als eine Information über eine Erfahrung fungieren. Aber was heißt, dass die gleiche Behauptung im Handlungszusammenhang eine Erfahrung zum Ausdruck bringt, aber im Diskurs einen Gedanken, der wahr oder falsch sein kann? Drückt die gleiche Behauptung im Diskurs keine Erfahrung und im Handlungszusammenhang keinen Gedanken aus, und deshalb kann die Behauptung im Handlungszusammenhang nicht wahr oder falsch sein?[104] Das ist unverständlich. Selbst nach

---

102 Unter dieser Dichotomie hat der Diskurs nach Habermas noch eine Beschaffenheit: „Diskurse verlangen deshalb die Virtualisierung von Handlungszwängen, die dazu führen soll, daß alle Motive außer dem einzigen einer kooperativen Verständigungsbereitschaft außer Kraft gesetzt und Fragen der Geltung von denen der Genesis getrennt werden" (Theorie und Praxis, S. 25). Dieser Charakter scheint nicht so überflüssig wie der im ersten Zitat, aber es ist bei genauerem Hinsehen unklar, wie und warum bei Verifikation „alle Motive außer dem einzigen einer kooperativen Verständigungsbereitschaft außer Kraft gesetzt" wird. Um eine Behauptung zu verifizieren, müssen alle Teilnehmer natürlich das Motiv haben, diese Tätigkeit vorzunehmen, aber ob sie außerdem andere Motive haben, ist irrelevant.

103 Habermas, Wahrheitstheorien, S. 134. Ich nenne dieses Zitat das zweite Zitat.

104 Vgl. dazu eine andere Erläuterung von Habermas, die den „Doppelcharakter" der Behauptung eindeutig verkündet: „Eine Behauptung (»Dieser Ball ist rot«), die im Handlungs-Kontext geäußert wird, impliziert einen Geltungsanspruch (d. h. sie unterstellt die Wahrheit der geäußerten Proposition), aber sie thematisiert eine Erfahrung mit einem Gegenstand in der Welt: *sie behauptet eine Erfahrung und keinen Gedanken*. Die gleiche Behauptung kann Bestandteil eines Diskurses werden. Dann verändert sich ihr Sinn: sie thematisiert im Hinblick auf einen explizit gemacht und

ausgiebiger Reflexion lässt sich keine schlüssige Interpretation finden, die dieses Unverständnis beseitigen kann:

1) Eine Behauptung ohne einen propositionalen Gehalt ist per definitionem unmöglich. Wenn Habermas die Information der Behauptung zugeordnet hat, muss sie auch einen propositionalen Gehalt haben, sonst verwickelt er sich in eine Inkonsistenz. Diese Inkonsistenz kann er nur vermeiden, wenn er die Behauptung und den propositionalen Gehalt ganz anders definiert. Aber nach der früheren Diskussion scheint diese Verstehensmöglichkeit nicht zu bestehen, auch wenn Habermas sie nicht ganz exakt ausgearbeitet hat. Gleicherweise ist es bisher schon selbstverständlich, dass die Bedeutung der Behauptung notwendig mit der Möglichkeit des Wahr- oder Falschseins verbunden ist. Wenn etwas nicht wahr oder falsch sein kann, ist es einfach keine Behauptung. Was hat es mit dem sogenannten Handlungszusammenhang auf sich, der den propositionalen Gehalt und die Wahrheitsfähigkeit einer Behauptung verschwinden lassen kann?
2) Wenn eine Behauptung als eine Information fungiert, kann sie freilich über „subjektive oder objektive Erfahrungen" sein. In diesem Sinne bringt diese Behauptung eine Erfahrung zum Ausdruck, egal, ob sie verneint oder im Diskurs als ein Argument aufgestellt wird. Deshalb kann man überhaupt nicht verstehen, warum die Behauptung im Handlungszusammenhang eine Erfahrung ausdrückt aber im Diskurs nicht.

Es gibt Gründe zu vermuten, dass der Definitionszusammenhang von Habermas große Probleme aufweist, die sich aus einigen falschen grundlegenden Ideen ergeben. Weil wir später auf ähnliche Probleme treffen werden, erweist es sich als sinnvoll, bereits jetzt klar herauszustellen, woraus die Probleme resultieren. Zusammenfassend betrachtet hat Habermas zwei Fehler gemacht. Einen Anhaltspunkt für seinen ersten Fehler findet man in seinem Kommentar zu der Redundanztheorie: „Im Zusammenhängen kommunikativen Handelns wäre eine Explikation des mit Behauptung erhobenen Geltungsanspruchs redundant; unumgänglich ist sie aber in Diskursen, da diese die Berechtigung von Geltungsansprüchen thematisieren"[105]. Einerseits scheint Habermas zu glauben, dass der

in Frage gestellten Geltungsanspruch einen Sachverhalt und unterstellt, daß dieser Sachverhalt, wenn er existiert, durch Erfahrungen bestätigt werden kann. Indem ich einen Sachverhalt behaupte, behaupte ich jedoch nicht eine Erfahrung." (Wahrheitstheorien, S. 153; hervorgehoben von Cheng)

105 Habermas, Wahrheitstheorien, S. 131.

Wahrheitsanspruch einer Behauptung keine Rolle spielt, wenn er nicht problematisiert bzw. verneint wird. Folglich sei uns die Möglichkeit nicht bewusst, dass eine Behauptung wahr oder falsch sein könne, bevor sie verneint werde. Weil die Informationen im Handlungszusammenhang die Behauptungen seien, die nicht verneint würden, könnten sie nicht wahr oder falsch sein. Andererseits wäre er auch der Meinung, dass eine Behauptung, die mit der Aussage gleichbedeutend ist, mit der man eine Tatsache behauptet, wahr oder falsch sein können muss. Deshalb muss er für die bejahten Behauptungen ein Zwischending, nämlich die „quasi Behauptung" erschaffen, die man zwar eine Behauptung nennt, aber im Grunde keine echte Behauptung ist, weil sie nicht wahr oder falsch sein kann. Diese Auslegung wird nicht nur von den obigen Zitaten, sondern auch von seiner anderen Erläuterung unterstützt: „Gewiss stützt sich der Informationsgehalt auf Tatsachen, aber erst wenn eine Information bezweifelt und der Gehalt der Information unter dem Gesichtspunkt der Möglichkeit, dass etwas der Fall, aber auch nicht der Fall sein kann, zur Diskussion gestellt wird, sprechen wir über Tatsachen, die (mindestens) ein Opponent bestreitet"[106].

Dieses Zwischending ist die Quelle des Unverständnisses. Zuerst muss aufgezeigt werden, dass, egal ob im Handlungszusammenhang oder im Diskurs die Explikation des Wahrheitsanspruchs nie redundant ist. Denn nur wenn der Wahrheitsanspruch einer Äußerung identifiziert ist, können wir feststellen, dass diese Äußerung z. B. nicht eine Ausspracheübung, sondern ein illokutionärer Akt, und dieser illokutionäre Akt z. B. nicht eine Bitte, sondern eine Behauptung ist. Mit anderen Worten: Sowohl eine Bejahung als auch eine Verneinung setzten bereits voraus, dass der Wahrheitsanspruch einer Äußerung schon expliziert ist, sonst kann man gar nichts anerkennen oder problematisieren. Dass wir in den meisten Zuständen *p* ohne die Satzform „»*p*« ist wahr" verstehen können, bedeutet nicht, dass die Explikation des Wahrheitsanspruchs redundant ist, sondern nur, dass unsere Sprachkonventionen es möglich machen, dass normalerweise der Wahrheitsanspruch von *p* ohne die Satzform „»*p*« ist wahr" schon expliziert werden kann.

Weil der Wahrheitsanspruch etwas ist, das die Behauptung von anderen Sachen unterscheidet, und weil die Behauptung der Eröffnungszug des Sprachspiels ist, dessen Konsequenzen wir wahr oder falsch nennen, erst wenn der Wahrheitsanspruch einer Äußerung von uns identifiziert ist, verstehen wir sofort, dass die Äußerung als eine Behauptung wahr oder falsch sein kann. Hier kommt der

106 Habermas, Wahrheitstheorien, S. 134.

Schlüsselpunkt: Die Möglichkeit, dass eine Behauptung wahr oder falsch sein kann, hat zwei ganz verschiedene Bedeutungen. Im ersten Sinne bezieht sich diese Möglichkeit auf den Erkenntniszustand, dass man nicht sicher ist, ob p sich im Sprachspiel erweisen kann, das heißt, ob man mit p das Sprachspiel gewinnen wird. Weil diese Möglichkeit vom individuellen Erkenntniszustand abhängt, kann sie auch vom Individuum ausgeschlossen werden, wenn es jemandem gewiss ist, dass man mit p das Sprachspiel gewinnen wird. In diesem Fall hält er es für unmöglich, dass p falsch – oder $\neg p$ wahr – sein kann. In diesem Sinne kann man sagen, dass für jemanden p nicht etwas ist, das wahr oder falsch sein kann, weil seiner Erkenntnis nach die Wahrheit von p außer Zweifel steht. Im zweiten Sinne bedeutet diese Möglichkeit die Regelgeleitetheit der Behauptung. Eine Behauptung kann hinsichtlich ihrer Regelgeleitetheit wahr oder falsch sein, genau wie ein Spiel hinsichtlich seiner Regeln zu gewinnen oder zu verlieren ist. Gleichgültig, ob man davon überzeugt ist, dass man mit p das Sprachspiel gewinnen wird, oder ob man mit p das Sprachspiel schon gewonnen hat, kann diese Möglichkeit insofern nicht ausgeschlossen wird, als die Behauptung in unseren Sprachkonventionen besteht. Wer diese Möglichkeit bestreitet, der versteht den Behauptungsbegriff sogar in seinem vorphilosophischen Sinne überhaupt nicht. Ein analogisches Beispiel hierzu: Ein Schachspiel ist gemäß seinen Regeln etwas, was man gewinnen oder verlieren kann, ganz egal, ob es möglich ist, dass ich das Schachspiel gegen den Schachweltmeister gewinnen könnte, oder ob ich die Schachpartie schon gewonnen oder verloren hätte. Wer leugnet, dass ein Schachspiel zu gewinnen oder zu verlieren ist, versteht nicht, was ein Schachspiel ist. In diesem Sinne sagen wir, dass eine Behauptung hinsichtlich ihrer Regelgeleitetheit bzw. ihrer Bedeutung immer wahr oder falsch sein kann.

Habermas hat diese zwei Sinngehalte verwechselt. Wenn die Behauptungen im Handlungszusammenhang als die getauschten Informationen nicht problematisiert werden, können sie nach Habermas nicht wahr oder falsch sein. Die ausgeschlossene Möglichkeit hier ist die im ersten Sinne, aber nicht die im zweiten Sinne. Dann glaubt Habermas, dass solche Behauptungen nur die „quasi Behauptungen“ sind, weil sie nicht wahr oder falsch sein können. Habermas beachtet nicht, dass die ausgeschlossene Möglichkeit hier nicht mehr die im ersten Sinne, sondern die im zweiten Sinne ist. Das zwingt ihn, das Zwischending zu produzieren, das trotz des Namens „Behauptung“ einen Mangel an allen wichtigen Eigenschaften der „echten Behauptungen“ aufweist: Der Wahrheitsanspruch ist bei ihm überflüssig; es hat keinen propositionalen Gehalt; es ist weder die Aussage noch die Tatsache. Dieses Zwischending ist natürlich unverständlich, weil es auf der Verwechselung der zwei Sinne der Möglichkeit des Wahr- oder Falschseins einer Behauptung beruht.

Um die Ursache des zweiten Fehlers zu analysieren, sind drei Sinne des Worts „Erfahrung“ zu unterscheiden. Im ersten Sinne bedeutet Erfahrung bloß sinnliche Wahrnehmung, die wir hier Wahrnehmungsdaten nennen können. Wenn die Wahrnehmungsdaten von uns sprachlich gefasst werden, entsteht die Erfahrung im zweiten Sinne, die wir in Anlehnung an Frege Urteile nennen können.[107] Die Urteile sind die verinnerlichten Behauptungen.[108] Auf der Basis der Wahrnehmungsdaten kann man inakkurate oder akkurate Urteile bilden. Im dritten Sinne bedeutet Erfahrung die Kundgebung des Urteils,[109] die dem schon gründlich erarbeiteten Behauptungsbegriff entspricht. Wir dürfen sagen, dass eine Erfahrung keinen propositionalen Gehalt hat und nicht wahr oder falsch sein kann, wenn diese Erfahrung nur die Wahrnehmungsdaten bedeutet. Die Wahrnehmungsdaten sind aufgrund ihrer Vorsprachlichkeit weder propositionalisiert noch wahrheitsfähig genau wie alle anderen vorsprachlichen Sachen. Aber das Wort „Erfahrung“ wird selten in diesem Sinne gebraucht. Denn wenn wir in den meisten Fällen sagen, dass jemand seine Erfahrung zum Ausdruck bringt, meinen wir nicht, dass er von bestimmten Wahrnehmungsdaten spricht, sondern, dass er eine Behauptung ausgeführt hat, deren Inhalt über seine Erfahrung ist. Wenn wir sagen, dass jemand über seine Erfahrung nachdenkt oder sie überprüft, meinen wir tatsächlich, dass er über sein Urteil nachdenkt oder es überprüft. Über bloße Wahrnehmungsdaten kann man nicht nachdenken, und man kann sie natürlich auch nicht überprüfen. Nur in geringeren Fällen, wenn man z. B. einen vorsprachlichen Erkenntniszustand erzählt, könnte das Wort „Erfahrung“ als Wahrnehmungsdaten verstanden werden. Aber auch wenn wir bewusst nur von bestimmten Wahrnehmungsdaten sprechen wollen, sofern sie sprachlich gefasst werden müssen, können wir das nur mithilfe der Beschreibung einer Behauptung oder eines Urteils schaffen.

Diese drei Sinne können durch ein Beispiel erklärt werden: Nachdem jemand eine scharfe Suppe probiert hat, kann er sich ein Urteil bilden, dass die Suppe scharf ist. Wenn er diese Erfahrung zum Ausdruck bringt, behauptet er, dass die Suppe scharf ist. Wenn er die Anderen auf die dem Urteil oder der Behauptung unterliegenden Wahrnehmungsdaten verweisen will, kann er sie nur auf folgende Weise beschreiben: „Die Wahrnehmungen, wegen denen ich glaube, dass diese Suppe scharf ist“.

107 Frege, Der Gedanke, S. 41.

108 Siehe dazu unten, S. 73 f.

109 Frege, Der Gedanke, S. 41.

Es scheint mir, dass Habermas hier nochmals verschiedene Sinne eines Ausdrucks durcheinanderbringt. Die Erfahrungen im Handlungszusammenhang sollten eigentlich die Wahrnehmungsdaten und die im Diskurs die Behauptungen bedeuten. Dies ist die einzige vernünftige Erklärung dafür, warum laut Habermas die „Erfahrungen" im Handlungszusammenhang keine Gedanken haben,[110] und steht im Einklang mit seinem vorhergehenden Beispielen für das zweite Zitat: „Dass eine Ampel auf Gelb steht oder ein Apfel schon gelb ist, ist im Handlungszusammenhang des Straßenverkehrs oder des Verkaufs reifer Früchte eine Information (die Mitteilung einer handlungsbezogenen Erfahrung); man kann auch sagen, dass dies Tatsachen sind, aber man sagt es erst, d. h. man spricht erst von Tatsachen, wenn nach einem Verkehrsunfall der Sachverhalt geklärt werden muss, ob jene Ampel zu einem bestimmten Zeitpunkt auf Gelb gestanden hat, bzw. wenn bei einem Züchtungsversuch der Sachverhalt geklärt werden muss, ob jener Apfel schon zu einem bestimmten Punkt gelb gewesen ist"[111]. So kann man diesen Text verstehen: Die Erfahrungen im Handlungszusammenhang sind die Wahrnehmungsdaten, die der Behauptung, dass eine Ampel auf Gelb steht oder ein Apfel schon gelb ist, unterliegen. Sie können nicht die Tatsachen bzw. die wahren Behauptungen sein, weil sie vorsprachlich sind. Nur wenn man im Diskurs diese Wahrnehmungsdaten sprachlich fasst und behauptet, dass die Ampel zu einem bestimmten Zeitpunkt auf Gelb gestanden hat oder der Apfel schon zu einem bestimmten Punkt gelb gewesen ist, kommen die Behauptungen zum Vorschein, die wahr oder falsch sein können. Diese Interpretation wird auch von seiner folgenden Ergänzungserklärung unterstützt: „Gedanken über Gegenstände der Erfahrung sind nicht dasselbe wie Erfahrungen oder Wahrnehmungen von Gegenständen."[112]

Wenn Habermas wirklich genau das mit dem Wort „Erfahrung" gemeint hat, könnte das Unverständnis in gewissem Maße neutralisiert werden: Die Erfahrung im Handlungszusammenhang und im Diskurs haben ganz verschiedene Eigenschaften, weil sich dasselbe Wort auf zwei ganz verschiedene Sachen bezieht. Aber unglücklicherweise scheidet diese vernünftige Interpretation aus, weil nach dem ersten Zitat die Erfahrungen im Handlungszusammenhang den Wahrheitsanspruch anzuerkennen haben und ebenfalls ausgetauscht werden können. Ich sehe die Möglichkeit nicht, solche Erfahrungen nicht als die Behauptungen zu verstehen, wie Habermas im zweiten Zitat auch zugegeben hat. Nun werden die

110 Siehe dazu oben, Fn. 103.

111 Habermas, Wahrheitstheorien, S. 134.

112 Habermas, Wahrheitstheorien, S. 135.

Begriffe, die sich einander ausschließen und die man streng auseinanderhalten muss, von Habermas vermischt. Die Erfahrungen im Handlungszusammenhang sehen mancherorts wie die Behauptungen aus, aber mancherorts auch wie die Wahrnehmungsdaten. Er lässt eine Sache gleichzeitig unter zwei sich gegenseitig ausschließende Begriffe fallen, und das ist nicht mehr als ein logischer Widerspruch, der nur zum Unverständnis führen kann.

Man würde denken, dass die beiden Fehler durch die unvorsichtige Behandlung der Mehrdeutigkeit der Terminologien verursacht werden. Solche Diagnose ist jedoch nur oberflächlich. Diese Unvorsichtigkeit hat ihre Wurzel in der Tendenz, dass Habermas die innersprachliche Reflektion nicht erschöpft, sodass er sich auf einige außersprachliche Faktoren beruft und sich täuscht. Wenn er die zwei Sinne der Möglichkeit des Wahr- oder Falschseins verwechselt, verwechselt er auch die Wahrheit als Spielerfolg mit dem individuellen Erkenntniszustand, der der Gewissheit nahesteht.[113] Das ist schon nicht weit vom intentionalistischen Ansatz. Wenn er vernachlässigt, dass der Ausdruck einer Erfahrung schon eine Behauptung ist – das ist sehr wohl der Grund, warum er die verschiedenen Sinne von Erfahrung durcheinanderbringt –, vernachlässigt er auch, dass sogar die trivialste Bezeichnung eines Gegenstands von einer sprachlich strukturierten Regelgeleitetheit abhängt, die viel komplizierter als ihr Schein ist. Eine ähnliche Schwäche befindet sich schon im gegenstandstheoretischen Ansatz. Es ist also kein Wunder, dass seine Analyse der Behauptung manchmal genau wie der intentionalistische und der gegenstandstheoretische Ansatz aussieht.[114] Diese Tendenz wird selbstverständlich zahlreiche Probleme auslösen wie die zwei scheiternden Ansätze, jedoch wird sie später im Habermasschen Begriff der „Lebenswelt" noch verstärkt,[115] mit dem Handeln und Diskurs durch „die Spannung zwischen Faktizität und Geltung" erklärt werden,[116] und letztendlich führt sie zu der unglücklichen Wende in seinem spätesten Gedanken.[117] Ich kann hier nicht alle relevanten Probleme zur Diskussion stellen, aber die obigen Ergebnisse können jetzt schon rechtfertigen, der Dichotomie von Handeln und Diskurs nicht zu folgen. Es empfiehlt sich, jetzt auf die reine Regelgeleitetheit der Behauptung, das heißt auf Bejahung, Verneinung und Verifikation bei Tugendhat und auf Anerkennung, Problematisierung und Diskurs bei Habermas, zurückzukommen.

---

113 Trotzdem hat Habermas auch bemerkt, dass die Gewissheit nicht die Wahrheit ist (Wahrheitstheorien, S. 140).

114 Habermas, Theorie des kommunikativen Handelns. Bd. 1, S. 433.

115 Habermas, Theorie des kommunikativen Handelns. Bd. 2, S. 182–191.

116 Habermas, Faktizität und Geltung, S. 37–39.

117 Vgl. dazu Habermas, Wahrheit und Rechtfertigung, S. 253 ff.

3.1.3.2.2 *Die analytische Notwendigkeit des V-Diskurses hinsichtlich der Institution der Behauptung*

Wir haben gesehen, dass die Behauptung sowohl der Eröffnungszug als auch der Ausgang eines Sprachspiels ist, in dem wir andere Spielzüge machen können, das heißt die Behauptung bejahen, verneinen und verifizieren. Und ein wichtiger Fortschritt besteht in der Einsicht, dass wir den Behauptungsbegriff ohne Bezug auf diese Spielzüge nicht richtig verstehen können. Wenn die Behauptung zu einem dieser Spielzüge gehört, liegt es nahe, dass das ganze Sprachspiel grundlegender als die Behauptung ist, weil die Behauptung nur ein Moment dieses Sprachspiels ist. Nun können wir den ersten Schritt in Richtung einer bisher noch ungeklärten Klassifikation der illokutionären Kräfte machen. Die Auffassung, einige Äußerungen als verschiedene illokutionäre Akte mit verschiedenen illokutionären Kräften zu betrachten, ist zwar nicht falsch, aber aus einer Übersicht nicht vollständig. Wenn wir p ausführen, zustimmen, infrage stellen und verteidigen, sehen sie auf den ersten Blick wie verschiedene illokutionäre Akte aus: Behauptung, Zustimmung, Fragen und Argumentation. Aber bei genauerem Hinsehen sind sie die Spielzügen desselben von p eröffneten Sprachspiels: Bejahung, Verneinung und Verifikation. Alle diese Spielzüge zielen auf den Spielerfolg bzw. die Wahrheit von p oder $\neg p$, und wir können in der Tat nicht nur mit einem von ihnen, sondern mit allen von ihnen das Sprachspiel eröffnen. Denn die direkte Vornahme einer Argumentation für p setzt bereits die Ausführung von p voraus, und die Bejahung und die Verneinung von p sind, wie wir gesehen haben, zwei einander widersprechende Behauptungen p und $\neg p$. Was als eine einzigartige illokutionäre Kraft betrachtet werden kann, ist deshalb nicht der einzelne Spielzug dieses Sprachspiels, sondern dieses Sprachspiel als Ganzes. Im diesen Sinne sind Bejahung, Verneinung und Verifikation drei Dimensionen derselben illokutionären Kraft. Nennen wir diese illokutionäre Kraft „assertorisch", sind Bejahung, Verneinung und Verifikation drei Untermodi des assertorischen illokutionären Akts. Weil alle regelgeleiteten Spiele als Institutionen, und alle Institutionen als regelgeleiteten Spiele verstanden werden können, kann man die bisherige Erklärungsweise der Behauptung den institutionellen Ansatz nennen. Der institutionelle Ansatz beschränkt sich nicht mehr auf die Behauptung im traditionellen Sinne. Vielmehr zeigt er, dass das richtige Untersuchungsobjekt des Behauptungsbegriffs die hinter ihm stehende Institution bzw. die assertorische illokutionäre Kraft aus synoptischer Sicht ist. Diese Institution nenne ich in der folgenden Diskussion die Institution der Behauptung.

Anhand des institutionellen Ansatzes können wir das Stichwort „Diskurs" in einem neuen Licht betrachten. Bisher ist der Diskurs von Habermas hauptsächlich als eine faktische Verhaltensweise dargestellt worden. Eine faktische Verhaltensweise ist jedoch für die Begründung der Diskursethik nicht stark genug. Deshalb versucht Habermas zu beweisen, dass diese Verhaltensweise in irgendwelchem Sinne notwendig ist. Er führt Geisteskrankheit und Selbstmord als Beweise dafür an, weswegen wir Menschen langfristig gesehen alternativlos in den Diskurs eintreten müssen.[118] Habermas behauptet zugegebenermaßen eine kausale Notwendigkeit.[119] Diese These ist offensichtlich hoch umstritten. Stattdessen kann eine andere Notwendigkeit des Diskurses aufgezeigt werden.

Entfernen wir zuerst das problematische Element des Diskurses von Habermas, das heißt seine Begrifflichkeit über die Dichotomie von Handeln und Diskurs, und das unnötige Element, das heißt, das reine Motiv.[120] Was bleibt, ist einfach die Verifikation der Behauptung. Im Unterschied zu dem Habermasschen Diskurs nenne ich diesen schnörkellosen Diskursbegriff „V-Diskurs". Weil der V-Diskurs eine Dimension der assertorischen illokutionären Kraft bzw. der Institution der Behauptung ist, ist die analytische Notwendigkeit des V-Diskurses festzustellen. Diese analytische Notwendigkeit besagt nur, dass der V-Diskurs hinsichtlich der Bedeutung der Institution der Behauptung notwendig ist, gleichwie die Spielzüge eines Spiels hinsichtlich der Bedeutung des Spiels notwendig sind. Es steht dem Adressat frei, als ein Mitspieler den V-Diskurs selbst durchzuführen, das heißt, die Behauptung selbst zu verifizieren, oder den V-Diskurs mit dem Behaupter und anderen Adressaten in die Praxis zu umsetzen, das heißt, die Behauptung in Form einer Auseinandersetzung unter mehreren Subjekten zu verifizieren. Diese Aktivität können wir die „nicht monologische Realisierung des V-Diskurs" nennen und sie entspricht dem Begriff der Begründung oder der Argumentation. Auch wenn man eine Behauptung nicht verifizieren will, besteht die formale Möglichkeit, die Behauptung zu verifizieren, erst dann, wenn man eine Behauptung versteht. Wenn diese formale Möglichkeit nicht besteht, ist diese Äußerung entweder keine Behauptung oder eine nicht ausreichend explizierte oder aussagelogisch widersprüchliche Behauptung. In diesem Sinne ist der V-Diskurs nicht mehr eine faktische Verhaltensweise, sondern die konstitutiven Regeln einer Institution. Diese analytische Notwendigkeit besagt weder, dass wir faktisch gezwungen oder normativ verpflichtet sind, den V-Diskurs in die Praxis zu umsetzen, noch, dass wir eine Behauptung nicht ausführen oder verstehen können, wenn wir ablehnen,

118 Habermas, Begründungsprogramm, S. 109–112.

119 Habermas, Begründungsprogramm, S. 111: „Ich will an dieser Stelle auf konzeptuelle Argumente verzichten und mich mit einem empirischen Hinweis, der den zentralen Stellenwert kommunikativen Handelns plausibel macht, begnügen."

120 Siehe oben, Fn. 102.

faktisch in den V-Diskurs einzutreten, sondern nur, dass die Behauptung und der V-Diskurs begrifflich zusammenhängen. Diese analytische Notwendigkeit ist deshalb nicht mehr als eine begriffliche Notwendigkeit, und eine begriffliche Notwendigkeit ist eindeutig eine Tautologie.

Die analytische Notwendigkeit des V-Diskurses hinterlässt zwei noch ungelöste Probleme:

1) Bedeutet das nicht, weil die Notwendigkeit des V-Diskurses auf einer Tautologie beruht, dass der V-Diskurs nur insofern notwendig ist, als ich den Behauptungsbegriff auf obige Weise definiere? Ist es nicht der Fall, dass diese Notwendigkeit nicht mehr existiert, wenn man den Behauptungsbegriff anders definiert? Sicherlich besteht eine solche Notwendigkeit nur in der Bedeutung bzw. der Definition der Behauptung. Die Frage liegt darin, ob man den Behauptungsbegriff beliebig definieren kann. Auch hier gilt das bereits erwähnte analogische Beispiel: Wir können den Begriff Fußballspiel insoweit beliebig definieren, als es keinen Zwang gibt, das zu verhindern. Aber wenn es darum geht, wie die richtige Definition für das Spiel lautet, das man bei der FIFA Fußball-Weltmeisterschaft spielt, darf man „Fußball" nicht beliebig definieren, weil dieser Name für eine schon gewissermaßen anerkannte Institution steht. Darauf gibt es eine bestimmte Antwort. Man kann aber weiter fragen: Fußballspiel und Behauptung haben verschiedene Beschaffenheiten. Das Fußballspiel ist bereits so konkret institutionalisiert, dass jeder seine Definition bzw. seine konstitutiven Regeln in einem Regelbuch nachschlagen kann, aber bei der Behauptung ist es ganz anders. Wie kann ich feststellen, dass die Behauptung wirklich eine oben dargestellte Institution ist? Diese Frage ist genau dieselbe Frage wie die nach der Begründung des institutionellen Ansatzes, die ich zwar mit der Kritik an dem gegenstandstheoretischen und dem intentionalistischen Ansatz schon angefangen, aber noch nicht ausreichend geklärt habe. Eine zufriedenstellende Antwort erscheint im nächsten Unterkapitel, nachdem der institutionelle Ansatz vollständig aufgeklärt wird.
2) Auch wenn man diese Tautologie nicht bestreitet, fragt man sich, ob so eine begriffliche Analyse der Behauptung für das Ziel dieser Arbeit sinnvoll ist, weil sie meiner Meinung nach so schwach ist, dass kaum irgendeine Handlungsnötigung darauf erfolgt. Angelehnt an den Behauptungsbegriff beansprucht die Diskursethik aber deutlich mehr als eine begriffliche Notwendigkeit. Liefert die begriffliche Analyse einen ausreichenden Rahmen, in dem wir die Diskursethik prüfen können? Meine Antwort lautet wie folgt: Die Untersuchung darf natürlich nicht bei der begrifflichen Analyse aufhören, die aber der unerlässliche erste Schritt ist. Zwar stellt die Diskursethik einige empirische

Thesen über Behauptung und Diskurs auf, aber eine empirische These kann man sogar dann überhaupt nicht prüfen, wenn die darin enthaltenen Begriffe keine klaren Kriterien angeben. Nur wenn die relevanten Begriffe gründlich analysiert werden, kann man erkennen, was der eigentliche Sinn dieser empirischen Thesen ist und wie diese zu prüfen sind.

Legen wir jetzt den institutionellen Ansatz auf den Prüfstein:[121]

1) Bei dem institutionellen Ansatz ist es klar, wenn bei *p* dem Adressaten irgendeine Absicht des Sprechers bekannt sein muss, dass diese Absicht nicht darin besteht, den Glauben an »*p*« aufzuzeigen, sondern darin, die Institution der Behauptung zu benutzen, das heißt mit »*p*« das Sprachspiel zu eröffnen. Das ist die Primärabsicht bei der Behauptung.
2) Der institutionelle Ansatz lässt sich auf Selbstgespräche anwenden. Im Selbstgespräch können wir gleichzeitig die Rolle der Partei für *p* und die der Gegenpartei für $\neg p$ spielen und uns vorstellen, wie das Sprachspiel ablaufen würde. Das wäre nicht nur durchführbar, sondern auch nötig, weil wir das selbstständige Nachdenken über *p* als nichts Anderes als das Selbstspielen eines von *p* oder $\neg p$ eröffneten Sprachsiels verstehen können.
3) Aber kann der institutionelle Ansatz erklären, wie man »*p*« bei *p* versteht? Dabei kann »*p*« nicht mehr von *p* isoliert und als ein wirklicher Sachverhalt oder ein geglaubtes Objekt angesehen werden. Vielmehr erfordert der institutionelle Ansatz die Enthüllung, wie sich »*p*« an *p* beteiligt, das heißt, wie »*p*« zum Vorgehen der Institution der Behauptung beiträgt. Da diese Institution die Wahrheit von *p* oder $\neg p$ als ihre institutionelle Konsequenz (Spielerfolg) hat, indem sich *p* oder $\neg p$ im V-Diskurs (Verifikation) erweist, steht der institutionelle Ansatz vor der Aufgabe, die noch fehlenden Regeln für den V-Diskurs (Verifikationsregeln) aufzuzeigen, die für den Wahrheitsbegriff konstitutiv sind. Das steht mit unserem Ausgangspunkt im Einklang, dass eine Behauptungstheorie und eine Wahrheitstheorie voneinander abhängig sein müssen. Hinsichtlich dieses Gesichtspunktes macht der institutionelle Ansatz einen Schritt nach vorne, indem er den Behauptungs- und den Wahrheitsbegriff im Institutionsbegriff vereinigt. Bisher wurde der Umriss dieser Institution schon gezeichnet, der aber noch mit den V-Diskursregeln gefüllt werden muss. Die V-Diskursregeln sind das letzte Puzzleteil des institutionellen Ansatzes. Finden wir dieses nicht, so scheitert der institutionelle Ansatz.

---

121 Siehe oben, S. 36 f.

3.2 Die Festlegung des institutionellen Ansatzes

3.2.1 Die logische Struktur der Behauptung und die Wahrheit

Zu dem letzten Puzzleteil des institutionellen Ansatzes erweist sich Tugendhats Analyse wieder als denkwürdig. Wie früher schon erwähnt, ist der gegenstandstheoretische Ansatz bei manchen Satzstrukturen auf den ersten Blick schon problematisch, auch wenn man von seinen anderen Problemen ganz absieht. Es ist nämlich unvorstellbar, was für ein wirklicher Sachverhalt das sein soll, mit dem z. B. ein »p« mit einer Disjunktion, wie z. B. »Fa$\lor$Hb« korrespondieren kann. Diese Schwierigkeit legt die Hypothese nahe, dass vielleicht nicht alle *p* gleicherweise Bezug auf die Wahrheit nehmen. Ihre Bezugnahmen würden sich nach ihren logischen Strukturen ändern. Deshalb sollte *p* nicht einfach als Ganzes bearbeitet, sondern zuerst nach Satzstruktur klassifiziert werden.

Alle Satzstrukturen lassen sich in vier Grundtypen einteilen:[122]

1) *p* ist ein singulärer prädikativer Satz. Zum Beispiel: Fa (Peter raucht), Hb (Jochen lächelt).
2) $\neg p$, die Negation von *p*.
3) *p* ist ein genereller Satz, das heißt ein Satz mit dem All- oder Existenzquantor. Zum Beispiel: $(\forall x)Rx \rightarrow Dx$ (Alle Raben sind schwarz) oder $(\exists x)Gx \land Wx$ (Einige Schwäne sind weiß).
4) *p* ist ein komplexer Satz, „der einen oder mehrere Teilausdrücke enthält, die ihrerseits Sätze sind, d. h, selbst schon wahr oder falsch sein können“[123]. Im Unterschied zu dem komplexen Satz ist der Satz, der keine Teilausdrücke enthält, die selbst schon wahr oder falsch sein können, ein einfacher Satz. Die Teilausdrücke eines komplexen Satzes sind die einfachen Sätze, und ein komplexer Satz ist eine Wahrheitsfunktion der einfachen Sätze, weil der Wahrheitswert des komplexen Satzes von der der einfachen Sätze bestimmt wird, wie Wittgenstein schon festgestellt hat.[124] Wie einfache Sätze zu den komplexen Sätzen kombiniert werden, geschieht mithilfe von vier Grundkombinationsformen, die sich heutzutage in der Wahrheitswerttabelle fast aller Logik-Lehrbücher befinden: Konjunktion ($p \land q$), Disjunktion ($p \lor q$), Implikation ($p \rightarrow q$) und

122 Tugendhat/Wolf, Logisch-semantische Propädeutik, S. 228.

123 Tugendhat/Wolf, Logisch-semantische Propädeutik, S. 104.

124 Wittgenstein, Logisch-philosophische Abhandlung, 5: „Der Satz ist eine Wahrheitsfunktion der Elementarsätze. (Der Elementarsatz ist die Wahrheitsfunktion seiner selbst.)“; 5.01: „Die Elementarsätze sind die Wahrheitsargumente des Satzes.“

Äquivalenz ($p \leftrightarrow q$).[125] Weil Implikation und Äquivalenz auf die Kombination von Negation, Konjunktion und Disjunktion reduziert werden können,[126] müssen hier nur die Kombinationsform von $p \wedge q$ und $p \vee q$ als Beispiele für den komplexen Satz genommen werden: Fa∧Hb (Peter raucht, und Jochen lächelt) oder Fa∨Hb (Peter raucht, oder Jochen lächelt).

Tugendhat macht die Tarskische rekursive Erklärung der Wahrheitsbedingungen deutlich. $\neg p$ ist wahr, wenn p falsch ist. Wenn p ein komplexer Satz wie unser Beispielfall Fa∧Hb ist, ist p wahr, wenn Fa und Hb beide wahr sind.[127] Wenn p ein genereller Satz wie unser Beispielfall (∀x)Rx→Dx ist, ist p wahr, wenn alle Gegenstände, die unter den Begriff von Rabe fallen auch unter den Begriff von Schwarz fallen. Das bedeutet, dass alle folgenden singulären prädikativen Sätze wahr sind: $Dr_{1,}$ $Dr_{2,}$ $Dr_{3\ldots\ldots}$ $Dr_{n.}$ Dabei stehen die Symbole „r_1" bis „r_n" jeweils für die nummerierten Gegenstände, die unter den Begriff von Rabe fallen, und „n" ist die gesamte Anzahl aller solchen Gegenstände.[128] Es ist leicht zu erkennen, dass auch der Wahrheitswert der generellen und der komplexen Sätze auf den der singulären prädikativen Sätze – in unseren Beispielen: Fa, Hb und Dr_1 – zurückgehen muss. Weil sich alle möglichen Satzstrukturen aus der Kombination dieser vier Grundtypen ableiten, kann man sagen, dass der Wahrheitswert der Sätze aller anderen Strukturen mittels der logischen Regeln rekursiv vom Wahrheitswert der singulären prädikativen Sätze bestimmt ist.[129]

Aber wann ist dann ein singulärer prädikativer Satz wahr? Die obige Darstellung impliziert bereits die Auffassung, dass ein singulärer prädikativer Satz wahr

---

125 Tugendhat/Wolf, Logisch-semantische Propädeutik, S. 111; vgl. dazu Kutschera, Einführung in die moderne Logik, S. 23–28, S. 32–38.

126 Tugendhat/Wolf, Logisch-semantische Propädeutik, S. 114; vgl. dazu Kutschera, Einführung in die moderne Logik, S. 40.

127 Fa∨Hb ist wahr, wenn einer von ihnen wahr ist, einschließlich dessen, dass die beiden wahr sind.

128 (∃x)Gx∧Wx ist wahr, wenn es zumindest einen Gegenstand gibt, der sowohl unter dem Begriff von Weiß als auch unter dem Begriff von Schwan fällt, das heißt, wenn zumindest Dr_1 wahr ist. Vgl. dazu. Tugendhat/Wolf, Logisch-semantische Propädeutik, S. 98 f.

129 Die Konditionalsätze in der natürlichen Sprache sind schwierige Fälle, weil manche von ihnen nicht auf die logische Implikation reduziert werden können (vgl. dazu Tugendhat/Wolf, Logisch-semantische Propädeutik, S. 117 ff.; Zoglauer, Einführung in die formale Logik für Philosophen, S. 41 ff). Darüber hinaus fragt man sich, ob alle Sätze in der natürlichen Sprache tatsächlich zu den obigen vier Grundtypen zurückzuführen sind. Zugegebenermaßen gilt eine solche Reduzierbarkeit in dieser Arbeit nur als eine Hypothese.

ist, wenn der generelle Terminus auf den Gegenstand zutrifft, für den der singuläre Terminus steht.[130] Die generellen Termini sind Kriterien,[131] mit denen wir die Gegenstände bezeichnen oder charakterisieren. Deshalb kann man auch sagen, dass der generelle Terminus auf den Gegenstand zutrifft, wenn er richtig verwendet wird. Aber was heißt, dass ein singulärer Terminus für einen Gegenstand steht? Hinter diesem scheinbar trivialen Thema verbirgt sich die Komplexität, die sich aus der Funktion der singulären Termini in der Institution der Behauptung und unseren Wissenssystemen zusammensetzt und erstmals von Tugendhat festgestellt wurde. Die singulären Termini lassen sich in drei Gruppen einteilen: Eigenamen (z. B.: Ludwig Wittgenstein, Berlin), Pronomina (z. B.: er, das), Kennzeichnungen (z. B.: der Verfasser der „Logisch-philosophische Abhandlung", die Hauptstadt von Deutschland).[132] Im Anschluss an den Gedankenweg von Frege bis Russell und Strawson stellt Tugendhat zuerst zwei Thesen fest:[133]

1) Der singuläre Terminus hat die Funktion, „ein Einzelnes aus allen Dingen eines bestimmten Bereichs herauszugreifen"[134]. Das heißt, einen Gegenstand zu identifizieren.
2) Kennzeichnungen sind fundamentaler als Eigennamen, weil die Name-Gegenstand-Beziehung durch Kennzeichnungen, das heißt durch die Beschreibungen oder die Merkmale der Gegenstände, vermittelt sein muss.[135] Ein von allen Kennzeichnungen isolierter Eigenname ist ein leerer Name, mit dem man nichts identifizieren kann.

Kennzeichnungen sind aber noch keine endgültige Identifizierung. Wenn eine Kennzeichnung für einen Berg steht, kann man immer weiterfragen, was denn der Berg genau sei. „Diese Frage kann man dadurch beantworten, dass man den Fragenden zu einem bestimmten Berg führt und dann auf den Berg zeigt und sagt: »Es ist dieser da.«"[136] Dadurch zeigt Tugendhat auf, dass Pronomina noch fundamentaler als Kennzeichnungen sind, denn Kennzeichnungen setzen die Möglichkeit voraus, die Gegenstände, für die sie stehen, in den Wahrnehmungssituationen

130 Tugendhat/Wolf, Logisch-semantische Propädeutik, S. 229.
131 Tugendhat, Einführung in die sprachanalytische Philosophie, S. 182 ff., 195.
132 Tugendhat/Wolf, Logisch-semantische Propädeutik, S. 147.
133 Vgl. zu den Einzelheiten dazu Tugendhat, Einführung in die sprachanalytische Philosophie, S. 358 ff.
134 Tugendhat/Wolf, Logisch-semantische Propädeutik, S. 153.
135 Tugendhat/Wolf, Logisch-semantische Propädeutik, S. 152.
136 Tugendhat/Wolf, Logisch-semantische Propädeutik, S. 154 f; vgl. dazu Tugendhat, Einführung in die sprachanalytische Philosophie, S. 414 ff.

durch Pronomina identifizieren zu können. Aber auch wenn wir uns und den Fragenden in die Wahrnehmungssituation versetzen, das heißt, wenn wir und der Fragende schon vor dem Berg stehen, und wir ihm „Es ist dieser" sagen, um den Berg zu identifizieren, ist die Identifizierung insofern noch nicht vollkommen, als der Fragende überhaupt nicht weißt, wo sein aktueller Ort ist oder wie er an diesen Ort gekommen ist. Denn in diesem Zustand kann der Fragende den Berg weder selbst wiederfinden, noch ihn später in einer anderen Wahrnehmungssituation von den anderen identifizieren lassen. „Letztlich wird also durch einen singulären Terminus erst dann ein Gegenstand so identifiziert, dass eindeutig ein Einzelnes aus allen herausgegriffen wird, wenn die räumliche und (bei Gegenständen, die sich, anders als der Berg, im Raum bewegen) zeitliche Lokalisierung des Gegenstandes in einem festen Raum-Zeit-System angegeben wird. Kennzeichnungen, die nicht beschreibend sind, sondern eine Raum-Zeit-Stelle angeben, z. B. »dasjenige, welches sich zum Zeitpunkt t_1 am Ort 1_1 befindet«, spielen also eine fundamentale Rolle bei der Identifizierung konkreter Gegenstände."[137] Solche objektiven Lokalisierungen sind wie die Angaben einer Koordinate in einem Koordinatensystem, die sich wieder mit den subjektiven Lokalisierungen, das heißt mit den Lokalisierungen durch Pronomina und deiktische Ausdrücke, gegenseitig ergänzen müssen, weil ein Koordinatensystem die Einordnung unserer Position voraussetzt.[138] Kurz gesagt bedeutet dies Folgendes: Dass ein singulärer Terminus für einen Gegenstand steht, heißt, durch den singulären Terminus einen Gegenstand zu identifizieren. Die Identifizierung eines Gegenstands bedeutet die objektive Lokalisierung des Gegenstands, die eine subjektive Lokalisierung voraussetzt.

Um Tugendhats Analyse für die singulären Termini zu verstehen, benötigt man einige Informationen:

1) Die sogenannten objektiven Lokalisierungen erscheinen überflüssig, weil wir sie im Alltag nicht verwenden müssen. Diese Bedenken werden entkräftet, wenn man die singulären Termini in die Institution der Behauptung zurückstellt. Der V-Diskurs ist nur insofern möglich, als der Adressat weiß, wie er verifizieren kann, ob der generelle Terminus auf den Gegenstand zutrifft, für den der singuläre Terminus steht. Das heißt, dass der singuläre Terminus den Adressaten genau so anleiten können muss, den raumzeitlichen Bereich abzugrenzen, in dem der generellen Terminus verwendet wird.[139] Das ist nicht weniger als eine objektive Lokalisierung.

---

137 Tugendhat/Wolf, Logisch-semantische Propädeutik, S. 156 f.
138 Tugendhat/Wolf, Logisch-semantische Propädeutik, S. 157.
139 Tugendhat, Einführung in die sprachanalytische Philosophie, S. 416 f.

2) Die echte Frage lautet wie folgt: Warum können wir die objektiven Lokalisierungen von Gegenständen in den meisten Fällen bereits ohne die Angaben der Raum-Zeit-Stellen, ohne die Form eines Koordinatensystems bewerkstelligen? Die Antwort ist einfach: Das ist insofern möglich, als wir ausreichendes Wissen besitzen. Je mehr Hintergrundwissen der Sprecher und der Adressat haben, desto mehr Eigennamen können sie ohne Schwierigkeiten benutzen. Je weniger Hintergrundwissen der Sprecher und der Adressat haben, desto mehr Kennzeichnungen oder objektive Lokalisierungen müssen sie in Anspruch nehmen. Diese Tatsache stützt die Einsicht, dass nicht nur die generellen Termini, sondern auch die singulären Termini in ein Wissenssystem eingebettet sind. Das heißt, dass die Identifizierungsregeln, nach denen wir Gegenstände mit singulären Termini identifizieren können, der Wechselbezogenheit unseres Wissens unterliegen. Nach Robert Brandom müssen wir viele Begriffe beherrschen, um irgendeinen Begriff zu beherrschen.[140] Vielleicht kann man auch sagen, dass wir viele singuläre Termini beherrschen müssen, um irgendeinen singulären Terminus zu beherrschen. Daher muss man W. V. Quine zustimmen, dass auch der trivialste singuläre prädikative Satz von theoretischen Annahmen abhängig, und dessen Wahrheit in die Kohärenz eines Wissenssystems einbezogen ist.[141] Dieses Ergebnis ist für eine Wahrheitstheorie von großer Tragweite.

Nachdem wir gesehen haben, dass die Verwendungsregeln der generellen Termini und die Identifizierungsregeln der singulären Termini den Schlüssel zur Wahrheit der singulären prädikativen Sätze bilden, liegt folgende Wahrheitsdefinition nahe: Ein singulärer prädikativer Satz Fa ist wahr, „wenn, sofern die Identifizierungsregel von »a« befolgt worden ist, mit Bezug auf das Ergebnis dieser Regelbefolgung »F« gemäß seiner Verwendungsregeln anwendbar ist“[142]. Infolge dieser Wahrheitsdefinition der singulären prädikativen Sätze und der oben genannten rekursiven Beziehung der Wahrheitswerte ist eine allgemeine Wahrheitsdefinition aller Satzstrukturen so zu formulieren:

> „Ein Aussagesatz »p« ist wahr genau dann, wenn, sofern die von seinen Bedeutungsregeln geforderte Prozedur befolgt wird, dies zu einem Ergebnis führt, das mit dem in der Behauptung vorweg genommenen Ergebnis übereinstimmt (identisch ist).“[143]

---

140 Brandom, Articulating Reasons, S. 49.

141 Quine, Two Dogmas of Empiricism, S. 37 ff; vgl. dazu Tugendhat/Wolf, Logisch-semantische Propädeutik, S. 240.

142 Tugendhat/Wolf, Logisch-semantische Propädeutik, S. 235.

143 Tugendhat/Wolf, Logisch-semantische Propädeutik, S. 236.

Nun können wir bestimmen, dass die V-Diskursregeln die Bedeutungsregeln sind, die aus den Identifizierungsregeln der singulären Termini, den Verwendungsregeln der generellen Termini und den logischen Regeln bestehen. Wir sind auch in der Lage, den institutionellen Ansatz festzulegen, indem wir die bisherigen Resultate zusammenfassen:

Der Wahrheitsanspruch von *p* nimmt ein Ergebnis (die Anwendbarkeit irgendwelcher Begriffe auf irgendwelche raumzeitliche Bereiche) vorweg und garantiert, dass die Befolgung der Bedeutungsregeln von »*p*« zu diesem Ergebnis führt. Das entspricht dem eingangs erwähnten Grundsatz, dass der Wahrheitsanspruch als das unterscheidende Merkmal der Behauptung »*p*« zu *p* macht und *p* von anderen illokutionären Akten unterscheidet, weil der reine propositionale Gehalt »*p*« und andere illokutionäre Akte, wie z. B. eine Aufforderung K_a»*p*« offensichtlich keinen solchen Wahrheitsanspruch haben. *p* macht eine regelgeleitete Möglichkeit aus, die Erfüllung der von ihr begleiteten Garantie zu bejahen oder zu verneinen. Das heißt, dass man zu einem Mitbehaupter oder zu einem Gegenbehaupter von *p* werden kann. Der einzige Weg zu verifizieren, ob die Garantie erfüllt ist, liegt freilich nur darin, gemäß der Bedeutungsregeln von »*p*« das Ergebnis zu prüfen. Diesen Verifikationsprozess nenne ich den V-Diskurs. Wenn sich die Garantie im V-Diskurs als erfüllt erweist, müssen die Gegenbehaupter dem Behaupter zustimmen, dass »*p*« wahr ist. Wenn sich die Garantie im V-Diskurs als nicht erfüllt erweist, müssen die Behaupter dem Gegenbehaupter zustimmen, dass »*p*« falsch oder »¬*p*« wahr ist. Alle Äußerungen, die an dem oben genannten Sprachspiel mitmachen, wie z. B. die Fragen nach *p*, die Kritik an *p* und die Begründung für *p*, gehören auch zu der Institution der Behauptung bzw. zu der assertorischen illokutionären Kraft.

Der institutionelle Ansatz steht mit den kennzeichnenden Grundsätzen der Diskursethik im Einklang, dass der Wahrheitsanspruch den Anspruch auf Begründbarkeit impliziert,[144] und dass eine Behauptung wahr ist, wenn sie diskursiv begründet werden kann,[145,146] sofern die diskursive Begründbarkeit als die hier definierte Verifizierbarkeit beim V-Diskurs verstanden wird.

---

144 Alexy, Diskurstheorie und Menschenrechte, S. 136.

145 Alexy, Theorie der juristischen Argumentation, S. 141: „Eine Tatsache ist das, was eine Aussage, die diskursiv begründet werden kann, aussagt." Die Tatsachen bei Alexy können auch als die wahren Behauptungen angesehen werden wie in dieser Arbeit, obwohl dieser Begriff von ihm an einer ontologischen Voraussetzung, die radikaler als der gegenstandstheoretische Ansatz ist, verbunden wird. Siehe unten.

146 Vgl. zu diesem Grundsatz die irreführend Formulierung von Habermas: „Wahrheit nennen wir den Geltungsanspruch, den wir mit konstativen Sprechakten verbinden.

Im Folgenden werde ich den institutionellen Ansatz verteidigen, indem ich die noch offenen Fragen beantworte und die Kritikpunkte erörtere.

3.2.2 Das Verstehen von »*p*« und *p*

3.2.2.1 Der Wittgensteinsche Grundsatz

Gehen wir zu der Frage zurück, wie man »*p*« bei *p* versteht. Weil *p* unter der Institution der Behauptung verstanden werden sollte, kann die Antwort auf diese Frage so formuliert werden: Man versteht »*p*« bei *p*, wenn man weiß, wie »*p*« zum Vorgehen der Institution der Behauptung beiträgt. Weil der Kern dieser Institution, wie bereits gesehen, eine Garantie und ihre Verifikation ist, leistet »*p*« einen Beitrag zu dieser Institution in der Weise, dass die Bedeutungsregeln von »*p*« einerseits darauf verweisen, wofür garantiert wird, und andererseits als die Verifikationsregeln gelten, gemäß denen die Erfüllung der Garantie zu verifizieren ist. Deshalb versteht man »*p*« bei *p*, wenn man die Verifikationsregeln von *p* kennt, das heißt, wenn man weiß, wie *p* zu verifizieren ist. Weil *p* wahr ist, wenn sie gemäß den Verifikationsregeln verifizierbar ist, kehren wir endlich zu dem berühmten Wittgensteinschen Grundsatz zurück: Wir verstehen »*p*« bei *p*, wenn wir wissen, wann *p* wahr ist.[147]

3.2.2.2 Drei Deutungen zum Wittgensteinschen Grundsatz

3.2.2.2.1 Die Beziehung zwischen »p« und p

Wie immer braucht diese Antwort einige Deutungen. Zunächst geht es um die Beziehung zwischen »*p*« und *p*. Am Anfang dieses Teils habe ich mich um die Unterscheidung bemüht, dass »*p*« von *p* insofern abgegrenzt werden sollte, als »*p*« als eine Abstraktion von *p* ohne illokutionäre Kraft ist. Dann habe ich beim Aufbau des institutionellen Ansatzes die These aufgestellt, dass der Wahrheitsträger genau genommen nicht »*p*«, sondern *p* ist. Aber in den bisherigen Darstellungen zeigt

---

Eine Aussage ist wahr, wenn der Geltungsanspruch der Sprechakte, mit denen wir, unter Verwendung von Sätzen, jene Aussage behaupten, berechtigt ist" (Wahrheitstheorien, S. 135). Abgesehen von der unklaren Unterscheidung von Behauptung und Aussage hat Habermas Recht, dass eine Behauptung wahr ist, wenn sie berechtigt. Es ist aber falsch, die Wahrheit mit dem Wahrheitsanspruch gleichzusetzen, denn die Wahrheit ist ein Erfolgsbegriff, der den Zustand bezeichnet, dass der Wahrheitsanspruch erfüllt ist.

147 Wittgenstein, Logisch-philosophische Abhandlung, 4.024: „Einen Satz verstehen, heißt, wissen was der Fall, wenn er wahr ist. (Man kann ihn also verstehen, ohne zu wissen, ob er wahr ist.)"

sich ein merkwürdiges Phänomen, nämlich, dass wir sowohl „Die Behauptung/*p* ist wahr“ als auch „Der propositionale Gehalt/»*p*« ist wahr“ sagen und die beiden ohne Schwierigkeiten verstehen können. Bedeutet das nicht, dass die Unterscheidung zwischen »*p*« und *p* nicht sinnvoll ist? Nach der obigen Interpretation des Wittgensteinschen Grundsatzes können wir dieses Phänomen leicht erklären: Weil »*p*« mittels der Institution der Behauptung zu verstehen ist, können wir »*p*« nicht unabhängig von *p* verstehen. Wir können »*p*« nur dadurch verstehen, dass wir wissen, wie »*p*« zu der institutionellen Konsequenz der Behauptung, das heißt zu der Wahrheit von *p*, beiträgt.[148] Das ist der Grund, warum der abwechselnde Gebrauch der zwei Ausdrücke „*p* ist wahr“ und „»*p*« ist wahr“, so wie ich und viele Autoren es bereits gemacht haben, in manchen Zusammenhängen unbedenklich ist. Früher habe ich betont, dass der propositionale Gehalt ein theoretisches Analysemittel ist, das nicht allein im alltäglichen Umgang vorkommt, weil die minimalen Einheiten menschlicher Kommunikation die illokutionären Akte sind. Jetzt kann man dazu ergänzen, dass die Analyse des propositionalen Gehalts sogar auf einem theoretischen Aspekt endlich auf die illokutionären Akte rekurrieren muss. Das ist aber kein Grund, die Unterscheidung zwischen »*p*« und *p* abzuerkennen, denn die methodische Nützlichkeit dieser Unterscheidung ist bereits durch die bisherigen Diskussionen bestätigt. Diese Unterscheidung lässt sich jedoch genauer formulieren: »*p*« ist mittels *p* zu verstehen, aber die Benutzung von »*p*« setzt nicht die Ausführung von *p* voraus. Bald werden wir sehen, dass man auf Schwierigkeiten stößt, wenn diese Unterscheidung nicht streng eingehalten wird.

---

148 Nehmen wir einen propositionalen Gehalt an, z. B. dass das Marine-Ehrenmal 72 Meter hoch ist. Dabei wird die assertorische illokutionäre Kraft entzogen. Es wird nicht durch einen Wahrheitsanspruch garantiert, dass der Gegenstand, für den der Singuläre Terminus „Marine-Ehrenmal“ steht, unter den Begriff „72 Meter“ fällt. Es ist kaum zu leugnen, dass wir diesen propositionalen Gehalt verstehen, nur wenn wir wissen, dass das „Marine-Ehrenmal“ für das turmförmige Monument in Laboe steht (das Gelingen der raumzeitlichen Lokalisierung), und wie man den Begriff „72 Meter“ verwendet (das Beherrschen der Verwendungsregeln). Das bedeutet auch, dass wir zugleich wissen, wenn eine Garantie durch einen Wahrheitsanspruch zu diesem propositionalen Gehalt hinzugefügt wird, wie diese Garantie zu verifizieren ist. Folglich verstehen wir den propositionalen Gehalt, dass das Marine-Ehrenmal 72 Meter hoch ist, wenn wir wissen, wann die Behauptung „Das Marine-Ehrenmal 72 ist Meter hoch“ wahr ist.

3.2.2.2.2 *Die Erweiterung des Wittgensteinschen Grundsatzes*

Weil »*p*« nicht nur mit der assertorischen illokutionären Kraft kombiniert werden kann, fragt man sich, wie man »*p*« bei anderen illokutionären Kräften, wie z. B. bei einer Aufforderung K_a»*p*« versteht. Dummett ist der Meinung, dass das Verstehen von »*p*« bei K_a»*p*« gleich wie das bei *p* ist, weil wir »*p*« bei K_a»*p*« verstehen, nur wenn wir wissen, wann K_a»*p*« erfüllt ist, das heißt, wann *p* wahr ist.[149] Diese These ist auf den ersten Blick schwer zu widerlegen. Zwar verlangt die endgültige Bestimmung eine Analyse der Klassifikation der illokutionären Kräfte, die noch nicht erzielt wurde, aber ich möchte hier einer Erweiterung des Wittgensteinschen Grundsatzes vorgreifen: Wir verstehen »*p*« bei K»*p*«, wenn wir wissen, wann *p* wahr ist. Denn K steht für eine beliebige mögliche illokutionäre Kraft, kann man abgekürzt sagen, dass wir »*p*« verstehen, wenn wir wissen, wann *p* wahr ist. Es ist zu beachten, dass dieser Grundsatz nicht besagt, wie wir K»*p*« verstehen, sondern nur, wie wir dabei »*p*« verstehen. Um K»*p*« zu verstehen, muss man außer »*p*« auch die illokutionäre Kraft K verstehen. Nach dem institutionellen Ansatz verstehen wir die assertorische illokutionäre Kraft K_b, wenn wir die Institution der Behauptung verstehen, das heißt, wenn wir ihre konstitutiven Regeln beherrschen. Man wird nun erstaunt sein, dass das Verstehen aller illokutionären Akte, egal welche illokutionäre Kraft sie haben, das Verstehen der assertorischen illokutionären Kraft voraussetzt, weil sie alle einen propositionalen Gehalt enthalten, den wir nur mittels der assertorischen illokutionären Kraft verstehen können. In diesem Sinne ist die assertorische illokutionäre Kraft der „Grundmodus" unter allen Modi. Die Institution der Behauptung ist der Eingang zur Untersuchung aller anderen illokutionären Akte.

3.2.2.2.3 *Wahrheitssemantik und Pragmatik*

Weil das Verstehen und die Bedeutung eines Ausdrucks zwei Seiten einer Sache sind, besagt der Wittgensteinsche Grundsatz auch, dass die Bedeutung von »*p*« in seinem Beitrag zur Wahrheit liegt. Jedoch nicht nur die Bedeutung von »*p*«, sondern auch die Bedeutung kleiner Ausdruckseinheiten, wie z. B. die eines Worts,

---

149 Dummett, Frege, S. 2 f.: „That language permits the construction of sentences with determinate truth-conditions, and that these sentences be uttered assertorically, i.e. understood as governed by the convention that the speaker is aiming at uttering only those the condition for whose truth is fulfilled, appears to belong to the essence of language. Even when sentences are uttered in a difference mode, e.g. imperatively, it is evidently a requirement of this linguistic practice that the sentence should contain a description of a state of affairs, that namely which will obtain if the command is obeyed, for which we know the conditions under which that state of affairs obtains."

liegt in ihrem Beitrag zur Wahrheit, weil wir die Bedeutung eines Worts nur insofern verstehen können, als sie zumindest in »*p*« eingesetzt ist. Das entspricht genau dem Grundsatz von Frege in „Die Grundlagen der Arithmetik“: „Man muss die Wörter im Satze betrachten, wenn man nach ihrer Bedeutung fragt.“[150, 151] Mit seinem anderen Grundsatz, dass der Gedanke etwas ist, bei dem die Wahrheit infrage kommen kann,[152] eröffnet Frege die Tradition, bei der die Wahrheitstheorie mit einer Bedeutungstheorie vereinigt wird. Wie allgemein anerkannt, gehören Wittgenstein, Tarski und Davidson zu dieser Tradition, die auch von Dummett, Tugendhat und Brandom übernommen wird.

Damit dass Habermas diese Linie die „Wahrheitssemantik“ nennt, gehe ich konform. Dass er sie als eine semantische Theorie der Linie der Sprechakttheorie von Austin und Searle als eine pragmatische Theorie gegenüberstellt, und das Letztere als einen Fortschritt des Ersteren betrachtet,[153] ist aber unpräzise. Eher sollte man sagen, dass nur eine wechselseitige Ergänzung dieser zwei Linien zu einer vollkommenen Erklärung führt, egal ob man sie „Semantik“ oder „Pragmatik“ nennt. Das haben wir auf dem Weg zum institutionellen Ansatz schon gesehen. Einerseits scheitern Searle und Habermas daran, die von ihnen angestrebte Regelgeleitetheit vollständig zu entschlüsseln, weil sie die Rolle der Struktur bzw. der Bedeutungsregeln von »*p*« in der Regelgeleitetheit nicht berücksichtigen.

150 Frege, Die Grundlagen der Arithmetik, S. 10 (der Titel für §60 im Inhaltsverzeichnis); vgl. dazu ders., Die Grundlagen der Arithmetik, S. 23, 71.

151 Vgl. zu einer einleuchtenden Interpretation dieses Grundsatzes Dummett, Frege, S. 4: „Frege's account, if it is to be reduced to a slogan, could be expressed in this way: that in the order of explanation the sense of a sentence is primary, but in the order of recognition the sense of a word is primary.“ Hier befindet sich nochmals der Zusammenhang zwischen Verstehen, Bedeutung und Erklärung in unserer Diskussion. Nach Dummett gibt Frege in seinen folgenden Werken die Priorität des propositionalen Gehalts auf, indem er die Gedanken den singulären Termini so anpasst, dass die Gedanken für die Wahrheitswert stehen, wie die singulären Termini für Gegenstände stehen (Frege, Über Sinn und Bedeutung, S. 29 f). Dummett zeigt mit Recht, dass das ein Rückschritt ist, weil die Einzigartigkeit des propositionalen Gehalts, dass er mit verschieden illokutionären Kräften verbunden werden kann, in Freges späterer Auffassung verschwindet (Dummett, Frege, S. 7). Das ist vielleicht einer der Gründe, dass Frege die Unterscheidung zwischen den propositionalen Gehalt und der illokutionären Kraft schon früh bemerkt, aber nicht systematisch entwickelt.

152 Frege, Der Gedanke, S. 38.

153 Habermas, Theorie des kommunikativen Handelns. Bd. 1, S. 373 ff.; vgl. zu einer ähnlichen Meinung Apel, Die Logos-Auszeichnung der menschlichen Sprache, S. 106 ff.

Folglich können sie die Probleme des gegenstandstheoretischen und des intentionalistischen Ansatzes nicht vermeiden. Zwar richtet die Wahrheitssemantik ihre Aufmerksamkeit nicht auf eine systematische Analyse aller Modi, aber sie bietet eine Erklärung für den obengenannten Grundmodus an, der für die Erklärung aller anderen Modi nötig ist. Searle und Habermas vernachlässigen diese Erkenntnis aus der Wahrheitssemantik. Deshalb sind ihre Analysen der anderen illokutionären Kräfte auch unvollkommen.[154] Andererseits wird die Fregesche Unterscheidung zwischen Sinn und Kraft durch die Unterscheidung zwischen propositionalem Gehalt und illokutionärer Kraft verdeutlicht und erweitert. Der Versuch, Satzbedeutungen mittels des rekursiven logischen Wahrheitsbezugs zu erklären, muss letztendlich zur Beantwortung der Frage führen, wann ein singulärer prädikativer Satz wahr ist. Die Antwort darauf besteht in einem regelgeleiteten Sprachspiel, das heißt in der assertorischen illokutionären Kraft bzw. in der Institution der Behauptung. Auch die typische logisch-semantische Frage, was die singulären und die generellen Termini sind, sollte durch ihre Funktionen in dem Sprachspiel beantwortet werden.

3.2.2.3 Das Problem des Erklärungsmodells von Habermas

Wir sind zu dem Schluss gekommen, dass das Verstehen von »*p*« und *p* einander voraussetzen, obwohl die Benutzung von »*p*« die Ausführung von *p* nicht voraussetzt. Das ist meiner Meinung nach die fortschrittliche Interpretation für die Unterscheidung von „Sinn und Kraft“ bei Frege, „meaning and force“ bei Austin. Interessanterweise vertritt Habermas diesbezüglich eine gegenteilige Meinung. Einerseits wird das Verstehen von »*p*« und *p* von ihm getrennt, andererseits werden die Benutzung von »*p*« und die Ausführung von *p* von ihm ausgeglichen. Seine Meinung weist einige bereits erwähnte Probleme auf, die nun erläutert werden sollten

Nach Habermas gehören *p* und »*p*« zu „zwei Kategorien von Bedeutungen“.[155] Die Begründung für diese Unterscheidung liegt in zwei verschiedenen Lernsituationen, „in denen jemand, der die deutsche Sprache nicht beherrscht, die Bedeutungen lernt“. Die Bedeutung ist hier bei Habermas genau wie in dieser Arbeit mit dem Verstehen verknüpft.[156] Die Beispielperson versteht einen »*p*«, wenn sie gelernt hat, diesen »*p*« angemessen zu verwenden, das heißt, dass der »*p*« der

154 Siehe dazu unten, S. 100 f.

155 Habermas, Was heißt Universalpragmatik, S. 415.

156 Habermas, Was heißt Universalpragmatik, S. 413.

Erfahrung aus Beobachtung entspricht.[157] Die Bedingungen für die sogenannte angemessene Verwendung werden von Habermas auf eine für uns schon bekannte Weise angegeben, obwohl er andere Terminologien benutzt: Der Gegenstand, für den der singuläre Terminus steht, fällt unter den generellen Terminus.[158] Demgegenüber versteht die Beispielperson *p* nicht durch die Erfahrung aus Beobachtung, sondern durch die sogenannte kommunikative Erfahrung, „die der Hörer macht, wenn er das in der versuchten Sprechhandlung enthaltene Angebot annimmt und mit dem Sprecher die interpersonale Beziehung zwischen dem, der eine Ankündigung oder Mitteilung macht, und dem, der sie empfängt bzw. die Beziehung zwischen einer fragenden und einer antwortenden Person aufnimmt, eingeht“[159].

Die Begründungsstrategie von Habermas ist bereits beim ersten Schritt problematisch. Von Anfang bis Ende erklärt er nicht, warum er eine solche Person, die Deutsch nicht beherrscht, für seine Begründung als ein Beispiel auswählt. Warum wählt er nicht jemanden, der Deutsch beherrscht? Worin besteht der Unterschied? Auch wenn wir dieser Frage nicht auf den Grund gehen, stoßen wir auf ein anderes Problem. Was genau heißt das, dass die Beispielperson Deutsch nicht beherrscht? Ist die Person nur nicht deutschsprachig oder überhaupt vorsprachlich? Das Erstere bedeutet, dass die Person zwar nicht Deutsch, aber bereits zumindest eine Sprache (Muttersprache) beherrscht. Das Letztere bedeutet, dass die Person überhaupt nicht sprachfähig ist, obwohl sie Sprache lernen kann. Ein typisches Beispiel dafür ist ein vorsprachliches Kind. Wortwörtlich sollte die Beispielperson nur als nicht deutschsprachig verstanden werden, aber bei dieser Interpretation kann die Begründung von Habermas nicht bestehen. Es ist zu beachten, dass die sogenannte angemessene Verwendung von »*p*« bei Habermas bereits nicht weniger als die Wahrheit von »*p*« ist. Um einen »*p*« in Fremdsprachen zu verstehen, brauchen wir vielleicht irgendwelche Sprachhilfen, wie z. B.

157 Habermas, Was heißt Universalpragmatik, S. 413: „Die Bedeutung des Satzes mit dem propositionalen Gehalt »Das Gelbsein von Vaters neuem Auto« kann ein Hörer unter der Bedingung verstehen, daß er gelernt hat, den Aussagesatz (5) Vaters neues Auto ist gelb angemessen zu verwenden, z. B. um eine entsprechende Erfahrung auszudrücken, in diesem Falle seine Beobachtung, daß Vaters neues Auto gelb ist.“

158 Bei Habermas bedeuten die „Existenzpräsupposition“ und die „Präsupposition der Identifizierbarkeit“ zusammen ungefähr die Identifizierung von Gegenständen durch die singulären Termini, und der „Akt der Prädikation“ die Zuschreibung der generellen Termini zu den Gegenständen, die von den singulären Termini identifiziert werden (vgl. dazu Habermas, Was heißt Universalpragmatik, S. 413).

159 Habermas, Was heißt Universalpragmatik, S. 414.

ein Wörterbuch oder einen Übersetzer, aber wir brauchen nicht zu wissen, ob »*p*« wahr ist. Der Wittgensteinsche Grundsatz gilt auch in diesem Fall: Wir verstehen einen Satz – egal ob in Fremdsprachen –, wenn wir wissen, wann er wahr ist, ohne zu wissen, ob er wahr ist.

Daraufhin können wir nur die andere Interpretation in Betracht ziehen, dass die Beispielperson vorsprachlich ist. Nehmen wir mal beispielsweise ein Kind, das Deutsch als seine erste Sprache erlernt. Aber hier stößt die Begründungsstrategie von Habermas auch schon beim ersten Schritt auf Probleme, weil »*p*« eine hoch theoretisierte Abstraktion ist, die nicht allein im alltäglichen Umgang vorkommt. Es ist unvorstellbar, wie ein solches Kind »*p*« unabhängig von *p* lernt und versteht. Nur unter den Menschen, die den Behauptungsbegriff schon beherrschen, kann ein propositionaler Gehalt allein thematisiert werden. Die Themenstellung, wie sich die Lernsituation eines vorsprachlichen Kinds bei »*p*« von der bei *p* unterscheidet, ist unsinnig.

In Wirklichkeit handelt es sich bei den beiden von Habermas gestellten Lernsituationen um ein und dieselbe Sache, die von ihm fälschlicherweise unterteilt wird. Die kommunikative Erfahrung in der Lernsituation bei *p* kann dahingehend zusammengefasst werden, dass man bei *p* „die interpersonale Beziehung“ herstellt und mit anderen eingeht.[160] Wie schon erwähnt, darf diese interpersonale Beziehung nicht als irgendeine interpersonale Auswirkung oder Verpflichtung außerhalb der Institution der Behauptung verstanden werden.[161] Deshalb besteht die einzig richtige Interpretation darin, dass sie die regelgeleitete Beziehung innerhalb der Institution der Behauptung ist. Das heißt nicht mehr als Bejahung, Verneinung und Verifikation. Diese Interpretation entspricht nicht nur dem Wortlaut des obigen Zitats von Habermas, sondern auch unserem obigen Ergebnis: Um *p* zu verstehen, muss man die konstitutiven Regeln der Institution der Behauptung beherrschen.

Diese kommunikative Erfahrung ist jedoch, wenn sie richtig verstanden wird, für die Lernsituation bei »*p*« ebenso notwendig. Weil in der Situation, in der das Kind gelernt hat, dass in einer Wahrnehmungssituation die Zuschreibung des generellen Terminus „F“ zu dem vom singulären Terminus „a“ identifizierten Gegenstand eine angemessene Verwendung des propositionalen Gehalts »Fa« ist, hat es in der Tat gelernt, wie man die Behauptung Fa ausführen kann,

---

160 Habermas, Was heißt Universalpragmatik, S. 413 f.: „Ursprünglich illokutive Bedeutungen erlernen wir mit Bezugnahme auf kommunikative Erfahrungen, die wir machen, indem wir die Ebene der Intersubjektivität betreten und eine interpersonale Beziehung herstellen (…)“.

161 Siehe oben, S. 43 ff.

und zugleich, wann Fa wahr ist, das heißt, wie Fa zu verifizieren ist. Dabei ist das Kind nie wie Habermas sagt, „in der nicht-performativen Einstellung von Beobachtern“[162]. Hier taucht der typische Habermassche Fehler wieder auf, dass er die zu entdeckende Komplexität mit einem vagen Begriff über Erfahrung verdeckt, was wir bei der problematischen Dichotomie zwischen Diskurs und Handeln bereits festgestellt haben. Genaugenommen ist die Beobachtung hier die Verifikation: Das Kind lernt, dass die Bedeutungsregeln von »Fa« auf die vorhandene Wahrnehmungssituation verweisen, die Fa verifizierbar und deshalb wahr macht. Hier muss das Kind freilich etwas „beobachten“. Wichtig sind nicht nur die durch Beobachtung erhaltenen Wahrnehmungsdaten, sondern vielmehr, wie die Wahrnehmungsdaten von den Bedeutungsregeln gefasst werden. Außerdem können die Antworten in dieser Situation nicht ausbleiben. Wenn das Kind »Fa« nur so verwenden kann, dass es »Fa« nur in der Wahrnehmungssituation ausspricht, in der der Gegenstand a wahrnehmbar ist, glauben wir nicht, dass es »Fa« schon verstanden hat, weil das nur eine Reaktion auf eine bestimmte Umgebung ist. Genauso gut kann es ein Papagei oder eine Maschine auch machen.[163] Nur wenn es in einer anderen Wahrnehmungssituation, in der a nicht wahrnehmbar ist, Fa auf verschiedene Weise auch ausführen kann, z. B. dass es je nach den Situationen in den Eigennamen, den Kennzeichnungen und den Pronomen für a wechseln, und dass es „F“ auf einen anderen Gegenstand auch richtig verwenden kann, erreicht es das Minimum am Verstehen von »Fa«.[164] Das heißt, dass es den Gegenstand a raumzeitlich lokalisieren und die Kriterien von „F“ in gewissem Maße begreifen kann. Wir haben jedoch gesehen, dass die Identifizierungsregeln der singulären Termini und die Verwendungsregeln der generellen Termini in ein Wissenssystem eingeordnet werden. Man kann sie nur in einem Zusammenhang lernen. Deshalb lernt das Kind »Fa« nicht die isolierten Bedeutungsregeln von »Fa« an sich, sondern ihre Lage in einem Wissenssystem. Dies gelingt jedoch nicht in einem Moment, sondern in einem ständigen Lernprozess. Um dem Kind in diesem Lernprozess die angemessene Verwendung von »Fa« – genauer: die Ausführung einer wahren Behauptung Fa – beizubringen, müssen wir dem Kind zustimmen (bejahen) oder widersprechen (verneinen), wenn es Recht oder Unrecht hat. Inzwischen ist das beidseitige Fragenstellen auch unvermeidbar. Falls ein Kind »Fa« in der nicht-performativen Einstellung von Beobachtern statt der performativen Einstellung von Teilnehmern der Institution der

162 Habermas, Was heißt Universalpragmatik, S. 414.

163 Vgl. dazu. Brandom, Articulating Reasons, S. 47 ff.

164 Vgl. dazu den einleuchtenden Begriff der „Quasiprädikate“ von Tugendhat (Einführung in sprachanalytische Philosophie, S. 208 ff.).

Behauptung lernt, kann es »Fa« kaum besser als ein Papagei oder eine Maschine lernen.

Man würde sagen, dass nicht das Erklärungsmodell von Habermas problematisch ist, sondern, dass er »*p*« und *p* völlig anders definiert hat. Der propositionale Gehalt »*p*« bei ihm wäre eigentlich die hier genannte Behauptung *p*, und die Behauptung *p* bei ihm wäre die hier genannte Behauptung *p* mit zusätzlichen Bedingungen, wie z. B. eine vom Adressaten bejahte Behauptung, die tatsächlich zu irgendwelchen Handlungskooperationen führt usw. Diese Interpretation könnte die Probleme der dichotomischen Einteilung der Lernsituation einigermaßen neutralisieren, führt aber zu einem größeren Problem. Habermas hat den propositionalen Gehalt auch so definiert, dass derselbe propositionale Gehalt mit verschiedenen illokutionären Kräften kombiniert werden kann.[165] Falls der propositionale Gehalt bei ihm hier Behauptung bedeutet, kommen wir zu einer ungewöhnlichen These: Nicht nur die Behauptung, sondern auch alle anderen illokutionären Akte sind von dem Wahrheitsanspruch begleitet, weil sie alle eine „Behauptung" (einen propositionalen Gehalt) haben, deren unterscheidendes Merkmal der Wahrheitsanspruch ist. Tatsächlich vertritt Habermas diese These, weil er nicht nur an einer Stelle herausstellt, dass jeder illokutionäre Akt einen Wahrheitsanspruch erhebt.[166] Apel ist der gleichen Meinung.[167] Dies ist die vorher erwähnte Verschmelzung von der Benutzung von »*p*« und der Ausführung von *p*.

Diese These ist offensichtlich problematisch, weil es bei manchen illokutionären Akten, wie z. B. bei einer Aufforderung K_a»Fa« oder bei einem Versprechen K_v»Fa«, ganz absurd zu sagen ist, dass ein Wahrheitsanspruch zu »Fa« erhoben wird. Wer K_a»Fa« – oder K_v»Fa« – und Fa gleichzeitig ausführt, der kann beim Sprachspiel keinen Zug machen, weil er auffordert oder verspricht, was schon der Fall ist. Habermas hat dieses Problem auch bemerkt. Deshalb versucht er die „Universalität des Wahrheitsanspruchs" mit dem Argument zu verteidigen, das wie folgt lautet: Zwar richte sich K_a»Fa« oder K_v»Fa« nicht auf die Existenz des Sachverhalts »Fa«, aber er setze die Existenz andere Sachverhalte voraus, weil Sachverhalte in Zusammenhang mit einer objektiven Welt stehen und „nicht isoliert in der Luft" hängen würden.[168] Abgesehen von den irreführenden gegenstandstheoretischen Ausdrücken sollte dieses Argument so verstanden werden:

---

165 Habermas, Was heißt Universalpragmatik, S. 405 f.

166 Habermas, Wahrheitstheorien, S. 137 f.; ders., Was heißt Universalpragmatik, S. 420; ders., Theorie des kommunikativen Handelns. Bd. 1, S. 412 ff.

167 Apel, Die Logos-Auszeichnung der menschlichen Sprache, S. 123 f.

168 Habermas, Theorie des kommunikativen Handelns. Bd. 1, S. 417.

Bei K_a»Fa« oder K_v»Fa« wird Fa zwar nicht ausgeführt, aber man kann antizipieren, dass der Ausführer von K_a»Fa« oder K_v»Fa« in irgendeinem Erkenntniszustand ist, der von ihm selbst oder von anderen durch andere Urteile oder Behauptungen, wie z. B. Hb, Scd usw. artikuliert werden kann. Dieses Argument ist an sich nicht falsch, aber für unseren Zusammenhang irrelevant. Nicht nur die illokutionären Akte, sondern auch alle bewussten menschlichen Handlungen können auf diese Weise artikuliert werden. Das ist das Merkmal der Menschen als Sprache beherrschendes Wesen. Um die Universalität des Wahrheitsanspruchs zu retten, hat Habermas die Bedeutung des Wahrheitsanspruchs ganz trivialisiert. Er ist nicht mehr etwas, das die Behauptung von anderen Sachen unterscheidet, das als ein aussichtsvoller Ausgangspunkt für die Analyse der Behauptung gilt, sondern nur die allgemeine Möglichkeit, den menschlichen Erkenntniszustand sprachlich zu fassen.[169]

3.2.3 Die Existenz der Institution der Behauptung

Ich habe die These aufgestellt, dass die Bejahung, die Verneinung und der V-Diskurs bzw. die Verifikation analytisch notwendig für die Behauptung ist, weil sie die Elemente der Institution der Behauptung sind. Daraus folgt, dass eine Reihe scheinbar verschiedener illokutionärer Kräfte in Wirklichkeit nur verschiedene Dimensionen der assertorischen illokutionären Kraft bzw. der Institution der Behauptung sind. Die Begründung dieser These hängt von den Antworten darauf ab, ob es eine solche Institution gibt, und in welchem Sinne sie existiert.[170] Jetzt sind wir in der Lage, diese Frage zu beantworten.

3.2.3.1 Die Existenz eines Begriffs

Eine Institution kann nicht als ein Gegenstand, sondern nur als ein Begriff zur Diskussion gestellt werden. Die Existenz eines Begriffs bedeutet, dass in einem

169 Dieses Argument von Habermas hat eine andere Interpretationsmöglichkeit. Weil er dabei den Wahrheitsanspruch auch die „Existenzpräsupposition“ nennt (siehe Fn. 158), kann man annehmen, dass der Wahrheitsanspruch von ihm als die Bezugnahme auf Gegenstände verstanden wird. Das ist auch nicht falsch, weil jeder illokutionäre Akt einen »*p*« hat, und »*p*« zumindest einen singulären Terminus hat, der für einen Gegenstand steht. Jedoch wird der Wahrheitsanspruch in diesem Sinne auf die raumzeitliche Lokalisierung der singulären Termini reduziert, und wir verlieren wiederum den Wahrheitsanspruch als das unterscheidende Merkmal der Behauptung.

170 Siehe oben, S. 55 f.

Sprachsystem ein genereller Terminus besteht, der irgendwelche Kriterien enthält. Bei einem umgangssprachlichen Begriff, wie z. B. „rot" oder „Auto" können wir nicht sagen, dass er ein wahrer oder falscher Begriff ist, sondern nur, ob er in einer Sprache existiert, und was seine richtige Definition bzw. wie er richtig zu verwenden ist. Die Bestimmung eines umgangssprachlichen Begriffs ist nicht schwierig, weil wir das beim Lernen einer Sprache bereits schaffen, obwohl der Lernprozess und das Beherrschen der Verwendungsregeln eines Begriffs, wie schon gesehen, nie einfach sind. Bei einem theoretischen Begriff (Terminologie), wie z. B. die „illokutionäre Kraft" oder der „propositionale Gehalt" ist es etwas Anderes. Die Existenz eines theoretischen Begriffs ist nicht direkt auf die natürliche Sprache zurückführbar, weil sie nicht darin, sondern in einem anderen Sprachsystem besteht, was eine dem theoretischen Begriff unterliegende Theorie ist. In diesem Sinne existiert ein theoretischer Begriff erst dann, wenn eine relevante Theorie konstruiert wird. Aber wenn wir nach der Existenz eines theoretischen Begriffs fragen, wollen wir normalerweise nicht nur wissen, ob es eine relevante Theorie gibt, sondern auch die Theorie beurteilen. Mit der Frage, ob es illokutionäre Kräfte gibt, wollen wir nicht nur wissen, ob eine Theorie über die illokutionäre Kräfte wirklich von jemandem konstruiert wird, sondern auch, ob der Begriff der illokutionären Kraft nützlich ist, das heißt, ob wir damit eine bessere Methode bekommen, etwas zu erklären. In diesem Sinne kann man je nach den theoretischen Interessen sagen, ob ein theoretischer Begriff angemessen oder unangemessen ist. Die Frage nach der Existenz der Institution der Behauptung ist die Frage nach der Angemessenheit dieses Begriffs: Was wird dadurch besser gefasst?

3.2.3.2 Das propositionalisierte Denken

Wie schon erwähnt, liegt die Antwort nicht in der bloßen Regelmäßigkeit der faktischen Verhaltensweise von Menschen, denn in der Praxis antworten wir – aus zahllosen Gründen – nicht immer auf eine Behauptung, treten wir nicht immer in einen V-Diskurs. Unsere „Reaktionen" auf die assertorischen Sätze könnte ein psychologischer, ein soziologischer oder ein anthropologischer Begriff vielleicht viel besser als ein sprachanalytisch-philosophischer Behauptungsbegriff fassen. Die Antwort liegt in einem klassischen philosophischen Thema: Der Begriff der Institution der Behauptung kann unsere Erkenntnis besser fassen, sofern es um das propositionalisierte Denken geht. Das propositionalisierte Denken enthält »*p*«, und wir können »*p*« nur mittels *p* verstehen. *p* als das propositionalisierte Denken ist die verinnerlichte Behauptung bzw. das Urteil. Wir können absichtlich lange Zeit keine Behauptung ausführen und auf keine Behauptung antworten, aber dabei können wir nicht darauf verzichten, irgendwelche Urteile zu bilden, sich für die Wahrheit irgendwelcher Urteile zu entscheiden. Das ist insofern unverzichtbar, als wir unser Bewusstsein und Sprachwissen nicht total verlieren. Erst wenn wir Urteile bilden und darüber nachdenken, haben wir sie bejaht, verneint und verifiziert oder versucht, sie zu verifizieren.[171] Die Funktionsweise des propositionalisierten Denkens ist die Funktionsweise der Institution der Behauptung, nur spielen wir das Sprachspiel bei der verinnerlichten Behauptung nicht mit anderen, sondern mit uns selbst. Das entspricht der früheren Erklärung des institutionellen Ansatzes für das Selbstgespräch und der These von Dummett, dass Sprache als Aktivität ebenso sehr im Monolog wie auch im Dialog funktioniert.[172] Dabei gibt es natürlich einen inneren V-Diskurs. Genau wie der V-Diskurs der schnörkellose Diskursbegriff ist, ist der innere V-Diskurs der schnörkellose Begriff des sogenannten inneren Diskurses.

3.2.3.3 Warum das propositionalisierte Denken: das Problem der vorsprachlichen Intentionalität von Searle

Das propositionalisierte Denken in den Mittelpunkt zu stellen, ist meines Wissens die Signifikanz der philosophischen linguistischen Wende, zu der vielleicht bereits Kant den ersten Schritt gemacht hat. Denn nach Brandom ist es eine der wichtigsten Neuerungen von Kant, zu zeigen, dass die Bausteine von Erkenntnis die Urteile sind.[173] Die minimale Einheit, die wir zur Funktion der Erkenntnis zuordnen können, ist nicht ein Gegenstand oder ein Begriff, sondern die Bezeichnung eines Gegenstandes mit einem Begriff.

---

171 Vgl. dazu Dummett, Language and Communication, S. 185: „The use of language for self-addressed utterances, whether silent or aloud, is an imitation of its use in linguistic interchange, and involves nothing essentially different. We are inclined to exaggerate the contrast between them because we tend to conceive of soliloquy solely as the audible aspect of a thought-process, whereas, when we think about dialogue, we attend to the very various things that can be done by means of verbal utterances. But the things that someone does when he is addressing only himself are just as various as those done by someone addressing another. He does not merely frame propositions and acknowledge some of them as correct: he asks himself questions, draws conclusions, forms resolves, makes plans, reproaches himself, exhorts himself, ridicules himself; treats himself, in other words, much as he would an interlocutor."

172 Dummett, Language and Communication, S. 185.

173 Brandom, Articulating Reason, S. 159 ff.

Aber man kann immer noch bezweifeln, ob das propositionalisierte Denken wirklich so wichtig ist. Gibt es kein sinnvolles Denken, das aber nicht strikt propositionalisiert ist? Muss sich eine Erkenntnistheorie auf eine linguistische Erscheinung stützen? Diese Problematik kann man folgendermaßen formulieren: Ist Erkenntnis grundlegender als Sprache, oder Sprache grundlegender als Erkenntnis? Searle ist als maßgeblicher Philosoph gegen das Primat von Sprache, wobei er auch als einer der wichtigsten Sprachphilosophen gilt. Er nennt den Erkenntniszustand, der sich auf etwas richtet (about something), die Intentionalität (Intentionality). Der Begriff der Intentionalität ist enger gefasst als der des Erkenntniszustands im Allgemeinen. Wenn sich ein Erkenntniszustand auf nichts richtet, gehört er nicht zur Intentionalität.[174] Bei Searle sieht die Intentionalität wie das hier genannte propositionalisierte Denken aus, sie sind aber nicht der gleiche Begriff. Searle bestreitet deutlich, dass die Intentionalität linguistisch sein muss.[175] Seiner Meinung nach haben Tiere und vorsprachliche Kinder auch die Intentionalität, und Sprache hat seinen Ursprung in der Intentionalität und nicht umgekehrt.[176] Die Intentionalität hat deshalb einen Inhalt, weil sie sich an etwas richtet, aber dieser Inhalt muss nicht so strukturiert wie »*p*« sein. Dafür erzeugt Searle den Begriff des „repräsentativen Gehalts“ (representative content), der sowohl »*p*« als auch den vorsprachlichen Inhalt einschließt.[177] Per definitionem muss die Intentionalität einen repräsentativen Gehalt aber nicht einen »*p*« haben. Es scheint, dass Searle eine breitere Grundlage anbietet, die sowohl das propositionalisierte als auch das nicht-propositionalisierte Denken – das trotzdem einen Inhalt hat – aufnehmen kann, ohne eine linguistische Erscheinung vorauszusetzen. Mit dieser Grundlage versucht Searle, die Sprechakttheorie fundamentaler zu analysieren.[178] Sein Vorschlag weckt Zweifel bezüglich der Nützlichkeit der Institution der Behauptung:

---

174 Searle, Intentionality, S. 1 f. Es ist zu beachten, dass die Intentionalität hier bei Searle nicht eine bestimmte Absicht, sondern den Erkenntniszustand mit einem Inhalt bedeutet. Die Absicht oder die Intention, etwas zu tun, ist nur ein möglicher Modus der Intentionalität.

175 Searle, Intentionality, S. 5.

176 Searle, Intentionality, S. 5.

177 Searle, Intentionality, S. 6.

178 Searle, Intentionality, S. vii f. Dieser Versuch wird von Apel und Habermas im Vergleich zu seiner Anfangsgründung der Sprechakttheorie als die „Intentionalistische Wende“ bezeichnet und stark kritisiert. Vgl. dazu. Apel, Intentionality and Linguistic Meaning; Habermas, Meaning, Communication, and Representation.

Falls der Begriff des repräsentativen Gehalts das nicht-propositionalisierte Denken auch fassen kann, warum müssen wir an dem propositionalisierten Denken, an »*p*« bzw. an der Institution der Behauptung festhalten, die nur weniger leistet?

Die Antwort hängt davon ab, wo unser theoretisches Interesse liegt. Wir müssen nicht bestreiten, dass Tiere und Säuglinge auch denken können, und ihr Denken trotz des Mangels an »*p*« immer noch irgendwelchen Inhalt hat. Wir können im Gegensatz zu Habermas anerkennen,[179] dass es einen vorsprachlichen repräsentativen Gehalt gibt, der keine Entlehnung aus einer Sprache ist. Das Problem ist festzustellen, was genau so ein repräsentativer Gehalt ist. Erinnern wir uns an einen singulären prädikativen Satz »Fa«, der die einfachste Struktur von »*p*« ist. Wir haben gesehen, wie kompliziert die Identifizierungsregeln von „a" und die Verwendungsregeln von „F" sind, und wie groß ein Wissenssystem ist, das von ihnen vorausgesetzt werden muss. Wir haben auch gesehen, dass die Wahrheit zumindest nur bei dieser Struktur infrage kommen kann, weil die logische Struktur von »*p*« für den Wahrheitsbegriff konstitutiv ist. Dies alles findet bei dem vorsprachlichen repräsentativen Gehalt ohne »*p*« nicht statt. Wenn ein Wesen nur solchen vorsprachlichen repräsentativen Gehalt in seiner Intentionalität hat, kann es zwar auf rudimentäre Weise mit seinesgleichen kommunizieren, aber die Kommunikation kann nicht die Finesse erreichen, dass sie in verschiedenen Wahrnehmungssituationen denselben Gegenstand identifizieren und ihn mit konventionellen Kriterien bezeichnen, oder dass sie die gleichen konventionellen Kriterien auf verschiedene Gegenstände verwenden kann. Sie haben vielleicht ein Gewissheitsgefühl über eine Vorstellung, die aber nicht die Wahrheit ist.[180] Das bedeutet, dass sie auf die Umgebung intelligent reagieren, aber nicht einmal in der einfachsten Form innerlich oder äußerlich argumentieren können. Ihre Intentionalität, ihr nicht propositionalisiertes Denken gelangt noch nicht zu den Bedingungen, bei denen Vernunft – im weitesten Sinne – infrage kommen kann. Der Unterschied zwischen dem vorsprachlichen repräsentativen Gehalt und »*p*« ist der von Brandom erwähnte Unterschied zwischen „Sentience" und „Sapience".[181] Philosophie hat mannigfaltige Paradigmen, aber man kann kaum

---

179 Habermas, Meaning, Communication, and Representation, S. 19 ff.

180 Vgl. dazu Frege, Der Gedanke, S. 47 ff.

181 Brandom, Articulating Reasons, 157 ff: „Sentience, which so far as our understanding yet reaches is an exclusively biological phenomenon, is in turn to be distinguished from the mere reliable differential responsiveness we sentients share with artifacts such as thermostats and land mines. Sapience, by contrast, concerns understanding or intelligence rather than irritability or arousal. One is treating something as sapient

in Abrede stellen, dass sie sich alle für „Sapience" aber nicht für „Sentience" interessieren.[182] Auch bei einem dem Reduktionismus nahestehenden philosophischen Paradigma gilt die Hauptfragestellung der „Sapience", nur wird versucht, durch „Sentience" „Sapience" zu erklären. Nun muss ich nicht erklären, warum in unserem Zusammenhang lediglich „Sentience" von keinem großen Interesse ist.[183] In diesem Sinne ist Sprache grundlegender als Erkenntnis.

Natürlich hat Searle Recht, dass die biologische Form der Intentionalität der linguistischen Form vorausgeht,[184] weil es kaum zu widerlegen ist, dass Sprachen, Regeln oder Konventionen ohne menschliche biologische Basis nicht entstehen können. In diesem Sinne ist Erkenntnis grundlegender als Sprache. Er hat auch Recht, dass sich die Intentionalität nicht ohne Sprache weiter zu einem Komplex entwickeln kann, und zwar erst, wenn sie in Sprache eintritt. Das Problem ist, dass nicht nur unser, sondern auch Searles Interesse diesem sprachlichen Komplex gilt. Sein Ziel ist genau das, den sprachlichen Komplex durch die vorsprachliche Intentionalität fundamental zu analysieren. Dies gehört ebenfalls zu dem obengenannten Zugang, „Sapience" durch „Sentience" zu erklären. Um dieses Ziel zu erreichen, muss Searle das fehlende Bindeglied zwischen unserer biologischen Basis und Sprache konstruieren. Das ist eine schwierige Aufgabe, weil es nicht nur um einen Wissenschaftsbereich geht. Meiner Meinung nach hat Searle keinen Erfolg. Das zeigt sich in zwei konkreten Problemen.[185] Das erste haben wir bei dem gegenstandstheoretischen und dem intentionalistischen Ansatz gründlich untersucht, dass Searle den Stellenwert der logischen Struktur von »*p*« vernachlässigt und den Sachverhalt als einen außersprachlichen Gegenstand betrachtet.[186] Selbstverständlich erklärt er nicht, wie sich die logische Struktur von »*p*« aus der biologischen Basis herausbildet, weil diese Struktur nicht in seinem Blickwinkel rückt. Das zweite Problem werden wir im nächsten Kapitel erörtern. Die Klassifikation der illokutionären Kräfte von Searle beruht hauptsächlich auf

insofar as one explains its behavior by attributing to it intentional states such as belief and desire as constituting reasons for that behavior."

182 Um den abendländischen Egozentrismus zu vermeiden, kann man ergänzen, dass vielleicht nicht alle, aber zumindest die abendländische philosophische Tradition ihre Aufmerksamkeit auf „Sapience" richtet.

183 Dies ist parallel zur These, dass die illokutionäre Akte ohne »*p*« nicht für uns von großem Interesse sind (siehe oben, S. 23).

184 Searle, Meaning, Intentionality, and Speechacts, S. 94.

185 Vgl. zu einer allgemeinen Erklärung über Intentionalität und Sprache von Searle Intentionality, S. 176 ff.

186 Diese Tendenz spiegelt sich in seiner Terminologie „repräsentativer Gehalt".

dem Begriff der „Ausrichtung“ (directions of fit). Eine präzise Erklärung für den Ausrichtungsbegriff ist aber nicht durch die vorsprachliche Intentionalität, sondern nur durch die logische Struktur von »*p*« möglich.

Zusammenfassend lässt sich festhalten, dass der Begriff des repräsentativen Gehalts weiter als der von »*p*« ist, bedeutet nicht, dass das Erstere mehr als das Letztere leisten kann, da unser theoretisches Interesse mit »*p*« verbunden ist. Die Konstruktion der vorsprachlichen Intentionalität ist nicht unmöglich, aber nicht hilfreich. Egal, ob die Sprachphilosophie wirklich ein Zweig der Philosophie des Geistes (philosophy of mind) ist,[187] Searle zeigt nur, dass seine Philosophie des Geistes nur sprachphilosophisch zugänglich ist.

3.2.3.4 Das transzendentale Sprachspiel

Aufgrund des besonderen Status des propositionalisierten Denkens ist es nicht unberechtigt, wie Apel, die Institution der Behauptung als ein transzendentales Sprachspiel oder eine transzendentale Institution zu bezeichnen.[188] Der institutionelle Ansatz übernimmt diese Kennzeichnung aber nur im bescheidenen Sinne:

1) Dass die Institution der Behauptung ein transzendentales Sprachspiel ist, heißt, dass sie insofern die Möglichkeitsbedingung von Erkenntnis ist, als die hier genannte Erkenntnis auf das propositionalisierte Denken beschränkt ist.
2) Es wird nicht behauptet, dass dieses transzendentale Sprachspiel der menschlichen biologischen Basis vorausgeht. Folglich ist es noch offen, ob die Möglichkeit besteht, dass wir Menschen eine andere Konvention oder ein anderes Regelsystem als die jetzige Institution der Behauptung entwickeln könnten, und unsere Erkenntnisstruktur dadurch ganz anders ausgestaltet würde. Diese Arbeit ist nicht in der Lage, solche Fragen zu beantworten.
3) Deshalb hat die Kennzeichnung des transzendentalen Sprachspiels in der Tat eine analytische Konnotation. Sie besagt, dass die Institution der Behauptung für unser propositionalisiertes Denken analytisch notwendig ist, weil wir ohne das Erstere das Letztere nicht erklären können. Das ist alles, was ich mit dieser Kennzeichnung zum Ausdruck bringen möchte.

---

187 Searle, Intentionality, S. vii.

188 Apel, Sprechakttheorie und transzendentale Sprachpragmatik zur Frage ethischer Normen, S. 397 f. Was von Apel als das transzendentale Sprachspiel bezeichnet wird, ist der „argumentative Diskurs“. Jedoch haben wir schon gewusst, dass der Diskurs oder die Argumentation nur ein Moment der ganzen Institution der Behauptung ist.

3.2.4 Wahrheit und abstrakte Gegenstände

Die Wahrheit ist oft theoretisch oder umgangssprachlich an wahrnehmbare oder abstrakte Gegenstände, Welt, Existenz usw. geknüpft. Es scheint, dass die Wahrheit eine ontologische Andeutung hat, aus der divergente Interpretationen entstehen. Eine von ihnen, der gegenstandstheoretische Ansatz, wird bereits von dem institutionellen Ansatz widerlegt. Dabei bleiben einige Fragen offen,[189] die hier zu beantworten sind. Hier spielt Frege wegen seines „dritten Reichs", das zu einer stark metaphysisch-ontologischen Auffassung führen könnte, die tatsächlich von Alexy vertreten wird, wieder eine wichtige Rolle.

3.2.4.1 Frege: das dritte Reich

> „Ein drittes Reich muß anerkannt werden. Was zu diesem gehört, stimmt mit den Vorstellungen darin überein, daß es nicht mit den Sinnen wahrgenommen werden kann, mit den Dingen aber darin, daß es keines Trägers bedarf, zu dessen Bewußtseinsinhalte es gehört. So ist z. B. der Gedanke, den wir im pythagoreischen Lehrsatz aussprachen, zeitlos wahr, unabhängig davon wahr, ob irgendjemand ihn für wahr hält. Er bedarf keines Trägers. Er ist wahr nicht erst seitdem er entdeckt worden ist, wie ein Planet, schon bevor jemand ihn gesehen hat, mit anderen Planeten in Wechselwirkung gewesen ist."[190]

Dieses Zitat wäre sowohl das bekannteste als auch das fragwürdigste von Frege. Er scheint damit zu meinen, dass Tatsachen die ewigen und zeitlosen Entitäten oder abstrakten Gegenstände sind, die unabhängig von den aktuellen Sprachen, die sie artikulieren, und von den Wesen, die sie begreifen können, existieren.[191] Diese Meinung widerspricht seinen anderen wichtigen Ansichten, dass Tatsachen nichts Anderes als der wahre »*p*« sind,[192] und dass die Wahrheit keine Übereinstimmung zwischen »*p*« und außersprachlichen Sachen ist.[193] Es empfiehlt sich, dieses Zitat nicht als einen Anspruch auf abstrakte Gegenstände zu verstehen. Aber was ist die richtige Interpretation? Hier folge ich Dummett: Was »*p*« wahr macht, existiert unabhängig davon, ob »*p*« von uns gefasst wird.[194] Nehmen wir an, dass »Fa« wahr ist. Dass in einem bestimmten Zeitraum ein konkreter Gegenstand mit irgendwelchen Eigenschaften besteht, ist unabhängig davon, ob wir diesen Gegenstand entdeckt und mit „a" raumzeitlich lokalisiert haben, ob unsere Sprache reich genug

---

189 Siehe oben, S. 41 f.

190 Frege, Der Gedanke, S. 50 f.

191 Dummett, Frege, S. 369.

192 Frege, Der Gedanke, S. 57 f.

193 Frege, Der Gedanke, S. 38 f.

194 Dummett, Frege, S. 369.

ist, sodass wir die Eigenschaften dieses Gegenstands mit „F" bezeichnen können. Der Gegenstand verändert sich nicht, egal, ob wir später aufgrund des Wissensfortschritts – erinnern wir uns an die Beziehung zwischen Wahrheit und Kohärenz – »Ha« statt »Fa« für wahr halten. Deshalb gibt es wirklich etwas, dessen Existenz unabhängig von Sprache und Erkenntnis, von Menschen oder anderen intelligenten Wesen ist. Das sind aber weder »*p*« noch die Wahrheit von »*p*«, sondern die konkreten Gegenstände an sich.

Bedeutet dies nicht, dass es keine unverrückbare Wahrheit gibt? Wenn die Wahrheit von »*p*« davon bedingt ist, dass es irgendeinen konkreten Gegenstand gibt, und dass die vorhandenen Sprachen die Bedeutungsregeln haben, die den Gegenstand in Gestalt von »*p*« bezeichnen können,[195] ist eine unverrückbare Wahrheit unwahrscheinlich, weil die Bedeutungsregeln von der Kohärenz eines Wissenssystems abhängen. Sofern sich das Wissenssystem weiterentwickelt, werden die Bedeutungsregeln modifiziert, und folglich muss die Wahrheit oder die Falschheit irgendwelcher Behauptungen korrigiert werden.[196] Deshalb kann man sagen: Langfristig gesehen ist die unverrückbare Wahrheit nicht zu erwarten, aber bei einem bestimmten Wissenssystem in einem bestimmten Zeitraum gibt es immer irgendwelche »*p*«, mit denen man das Sprachspiel bei der Institution der Behauptung sofort gewinnen kann. Das entspricht sowohl der Wissenschaftsgeschichte als auch dem alltäglichen Sprachgebrauch.

Noch eine weitere Frage, die zu klären ist: Derselbe »*p*« kann in verschiedenen grammatischen Strukturen auf verschiedene Sprachen gefasst werden. Dieselbe *p* kann sich in verschiedenen Sprechereignissen verkörpern. Wenn »*p*« nicht als ein abstrakter Gegenstand zu betrachten ist, wie kann man die Identität eines propositionalen Gehalts oder einer Behauptung erklären? Die bisherige Diskussion impliziert bereits die Antwort: Wenn »p_1« und »p_2«, oder p_1 und p_2 die gleichen Bedeutungsregeln, das heißt die gleichen Verifikationsregeln bzw. Wahrheitsbedingungen haben, sind sie derselbe propositionale Gehalt oder dieselbe Behauptung.[197] Dafür müssen wir weder einen abstrakten Gegenstand anerkennen, noch die Auffassung zurücknehmen, dass die Wahrheit ein Spielerfolg und der Wahrheitsträger ein Sprechereignis ist.

---

195 Dummett, Frege, S. 370. Dies entspricht auch der Bedeutung der vorher erwähnten Wahrheitsbedingungen.

196 Siehe oben, S. 61.

197 Tugendhat, Einführung in die sprachanalytische Philosophie, S. 283.

3.2.4.2 *Alexy: der radikale gegenstandstheoretische Ansatz und die Drei-Welten-Lehre*

Alexy glaubt nicht nur, dass »*p*« zu den abstrakten Gegenständen gehört, sondern auch, dass dabei Metaphysik einen Platz finden kann, weil sie genau von solchen abstrakten Gegenständen handelt.[198] Hier will ich nicht den Begriff der Metaphysik allgemein in Diskussion stellen. Der Fokus liegt immer noch auf »*p*« als abstrakte Gegenstände.

Das wichtigste – und vielleicht auch das einzige – Argument für Alexys gegenstandstheoretische Interpretation des dritten Reichs liegt in der Ablehnung des Reduktionismus. Er scheint der Meinung zu sein, dass ein reduktionistischer Trend erst herrschen würde, wenn wir Metaphysik, das heißt »*p*« als abstrakte Gegenstände, nicht anerkennen.[199] Hier sind zwei Fragen getrennt zu beantworten: Warum müssen wir Reduktionismus ablehnen? Müssen wir »*p*« als abstrakte Gegenstände anerkennen, um Reduktionismus abzulehnen?

Die erste ist eine typische große philosophische Frage, die aber nicht schwer zu beantworten ist. Meines Wissens nach gibt es noch keine zufriedenstellende Theorie, die »*p*« auf außersprachliche Sachen, seien es konkrete Gegenstände, seien es Vorstellungen, erfolgreich reduzieren kann. Ein weiteres Beispiel ist das Scheitern von Searle. Deshalb ist es – zumindest bis jetzt – berechtigt, Reduktionismus abzulehnen.

Die Antwort auf die zweite Frage ist ebenso offensichtlich. Der institutionelle Ansatz kämpft auch gegen Reduktionismus, indem er zeigt, dass »*p*« weder die konkreten Gegenstände selbst, für die die singulären Termini stehen, die wir mit generellen Termini bezeichnen, noch unsere vorsprachliche Vorstellungen ist. Dabei muss kein Begriff über abstrakte Gegenstände in Anspruch genommen werden. Vielmehr muss der institutionelle Ansatz auch gegen die Auffassung kämpfen, »*p*« für abstrakte Gegenstände zu halten, da diese Auffassung uns dazu veranlasst, »*p*« als ein Ganzes zu betrachten. Dies verhindert, die logische Struktur von »*p*« und ihren Beitrag zu *p* zu analysieren, was hier nicht wiederholt werden muss.

Man könnte aber weiter fragen: Was sind singuläre und generelle Termini? Was ist die sogenannte logische Struktur? Woraus besteht die Institution der

---

198 Alexy, Menschenrechte ohne Metaphysik?, S. 23.

199 Alexy, Menschenrechte ohne Metaphysik?, S. 23: „Sie [Menschenrechte] wären ohne jede Metaphysik möglich, wenn sie einer rein naturalistischen Deutung fähig wären, also auf beobachtbare Daten der äußeren, der inneren und der sozialen Welt reduziert werden könnten."

Behauptung? Darauf kann ich letztendlich nur folgendermaßen antworten: Sie alle sind Sprachregeln. Man könnte dann darauf erwidern: Sind solche Regeln nicht abstrakte Gegenstände, sofern sie weder nur zu beobachtbaren Regelmäßigkeiten noch zu psychologischen Phänomenen gehören? Nun kommt ein radikaler gegenstandstheoretischer Ansatz ins Spiel: Nicht nur »*p*«, sondern alles, was weder zu dem Wahrnehmbaren noch zu dem Persönlich-Psychologischen, wie z. B. eigenes Gefühl oder eigene Vorstellungen gehört, gehört zu den abstrakten Gegenständen. Mit anderen Worten: Abstrakte Gegenstände sind alles, was wir nicht wahrnehmen, aber mit anderen intersubjektiv teilen und verstehen können. Das sind ungefähr die sogenannten Produkte des menschlichen Denkens, und diese Zuordnungsweise ist besonders wegen der Drei-Welten-Lehre von Karl Popper bekannt.[200] Der Kern dieser abstrakten Gegenstände sind verschiedenartige Regeln. Die Produkte des menschlichen Denkens, z. B. Sprache, das propositionalisierte Denken, Musik, Spiele oder Institutionen usw. sind ohne Regeln unvorstellbar. Was Alexy in der Tat beanspruchen will, ist sehr wohl nicht nur »*p*« als abstrakte Gegenstände, sondern ein noch radikaler gegenstandstheoretischer Ansatz im Popperschen Sinne. Dann würde man sagen, dass der institutionelle Ansatz abstrakte Gegenstände auch voraussetzen muss, da er Regeln und Regelgeleitetheit in den Mittelpunkt stellt.

Das ist nur der Fall, wenn Regeln tatsächlich als abstrakte Gegenstände verstanden werden müssen. Aber muss das so sein? Die Situation hat sich nicht stark geändert. Der Grund für diesen radikalen gegenstandstheoretischen Ansatz ist immer noch die Ablehnung von Reduktionismus. Wir können die Eingangsfrage wieder stellen: Müssen wir Regeln als abstrakte Gegenstände bezeichnen, um Reduktionismus zu vermeiden? Oder können wir anhand der vorher erwähnten Angemessenheit einer Terminologie die Frage anders formulieren: Was wird von dem Begriff der abstrakten Gegenstände besser gefasst? Brauchen wir abstrakte Gegenstände, um den Begriff von Regeln zu erklären? Meine Antworten auf alle diese Fragen sind negativ. Um Reduktionismus abzulehnen, sollten wir die Unvollkommenheit solcher Auffassung in konkreten Problemen freilegen, aber diese Aufgabe nicht an einen umstrittenen Begriff weiterleiten. Zwar wäre die Auseinandersetzung mit dem Begriff von Regeln im Rahmen einer umfangreicheren Analyse durchaus interessant.

---

200 Vgl. dazu Popper, Three Worlds.

4. Norm

4.1 Die konstitutiven Regeln und die Handlungsnormen

Hier beginnt das Thema: Was ist die Norm? Um diese Frage beantworten zu können, ist eine Einführung, die zwei Dimensionen umfasst, notwendig. Die eine ist ein Überblick über die Analyse des Normbegriffs von v. Wright, die als ein Meilenstein für dieses Thema gilt. Die andere ist eine Reflektion darüber, ob die vorherigen Ergebnisse auf etwas hinweisen, was einen Beitrag zu dem jetzigen Thema leisten könnte.

Der allgemeine Normbegriff wird von v. Wright in drei Hauptkategorien und drei Nebenkategorien eingestuft. In dieser Arbeit ist nur die Rede von den drei Hauptkategorien, weil sie bereits für unsere Diskussion ausreichen: Regeln (rules), Handlungsnormen (prescriptions) und technische Normen (technical norms oder directives). Typische Beispiele für die Regeln sind Spielregeln. Spielregeln konstituieren und bestimmen etwas. Die Handlungsnormen sind Gebote, Verbote und Erlaubnisse. Sie müssen von jemandem verkündet werden. Sie werden von Menschen an Menschen gerichtet, um menschliche Handlungen zu regulieren. Typische Beispiele für die technischen Normen sind Bedienungsanleitungen. Sie setzen die Zwecke menschlicher Handlungen und ihre Zweck-Mittel-Relation voraus.[201]

Unter diesen drei Hauptkategorien sind die Regeln und die Handlungsnormen für unsere Themen besonders bedeutend. Bisher stehen die Regeln im Mittelpunkt. Die Bedeutungsregeln von »*p*« und die konstitutiven Regeln der Institution der Behauptung sind alle Regeln bei v. Wright. Diese Kategorie ist genau das, was Searle später als die „konstitutiven Regeln" bezeichnet.[202] Da „Regel" bereits zu einem mehrdeutigen Begriff geworden ist,[203] nenne ich im Folgenden die Regeln bei v. Wright die konstitutiven Regeln, um ihr Merkmal in der Benennung sichtbarer zu machen. Was hier thematisiert wird, sind nicht mehr die konstitutiven Regeln, sondern die Handlungsnormen. Sie unterscheiden sich darin, was passieren wird, wenn sie nicht befolgt werden. Die konstitutiven Regeln werden nicht von jemandem an jemanden gerichtet. Wenn jemand die konstitutiven Regeln nicht befolgt, sagen wir nicht, dass er Verbote verletzt oder Gebote nicht

---

201 v. Wright, Norm an Action, S. 5 f., 9 f.,15.

202 Searle, Speech Acts, S. 33–42; ders., The Construction of Social Reality, S. 43–48.

203 Zum Beispiel bedeutet „Regel" bei Alexy eine Unterklasse der Handlungsnormen (Theorie der Grundrechte, S. 71 ff.).

befolgt. Stattdessen sagen wir, je nach der Situation, dass er die Sachen, die die konstitutiven Regeln bestimmen, nicht versteht, oder dass er diese Sache nicht spielt, benutzt oder mitmacht.[204]

Diese Unterscheidung könnte verkannt werden, weil manchmal die Nichtbefolgung der konstitutiven Regeln die Verletzung der Handlungsnormen darstellt und umgekehrt. Diese Fälle nenne ich die „Überlappung" der konstitutiven Regeln und der Handlungsnormen. Sie werden grundsätzlich in zwei Typen unterteilt:

1) Es gibt eine Handlungsnorm, die gebietet, irgendwelche konstitutiven Regeln zu befolgen. Wenn z. B. ein Lehrer die richtige Grammatik von seinen Schülern fordert, verkündet er eine Handlungsnorm, die besagt, dass die Schüler den grammatischen Regeln folgen sollen. Wenn die Schüler in diesem Fall die grammatischen Regeln nicht befolgen, die eigentlich die konstitutiven Regeln sind, verletzen sie zugleich die von dem Lehrer verkündete Handlungsnorm.
2) Die konstitutiven Regeln schließen die Handlungsnormen mit ein. Typische Beispiele dafür befinden sich in Institutionen. Schon früh zeigt v. Wright, dass das Gebot, das Versprechen zu erfüllen, eine der konstitutiven Regeln der Institution von Versprechen ist.[205] In Rechtsinstitutionen gibt es mehrere ähnliche Beispiele. Eigentum, Vertrag und Ehe werden von einigen Handlungsnormen bestimmt, die für diese Institutionen konstitutiv sind. Wenn diese „konstitutiven Handlungsnormen" den zugehörigen Institutionen entzogen werden, werden diese Institutionen nicht unbedingt zu Undingen, aber zumindest werden sie zu anderen Sachen umgewandelt.

Offensichtlich bedeutet die Überlappung hier nicht ein Äquivalent, da die konstitutiven Regeln nicht immer von den Handlungsnormen begleitet werden und nicht alle Handlungsnormen konstitutiv sind.

Wie kann man die Handlungsnormen dann weiter erklären? Natürlich sind sie keine konkreten Gegenstände, aber wir dürfen auch nicht einfach sagen, dass sie abstrakte Gegenstände in einer anderen Welt sind, da eine solche gegenstandstheoretische Auffassung nichts erklären kann. Es liegt nahe, dass ein innersprachlicher Zugang immer noch notwendig ist. Die Handlungsnormen

---

204 Im letzten Fall würde er absichtlich versuchen, neue konstitutive Regeln für ein neues Spiel (z. B. das vorher erwähnte „Fußballspiel" ohne Schießregeln), einen neuen Begriff (z. B. eine theoretische Terminologie) usw. zu erzeugen, aber das könnten auch bloße Akte der Willkür sein.

205 v. Wright, Norm and Action, S. 11 f. Dieses Thema wird später von Searle ausgearbeitet (Speech Acts, S. 57 ff.).

sollten auch propositionalisiert sein, sonst besteht keine Regulierungsmöglichkeit. Das heißt, dass die Erklärung für »*p*« auch eine Rolle bei der Erklärung für die Handlungsnormen spielen könnte. Die modernen Untersuchungen der Normen stützen sich auch mehr oder weniger auf diese zwei Hinweise. Diesbezüglich wählt diese Arbeit den semantischen Normbegriff von Alexy als Ausgangspunkt, weil sowohl der Vorteil auch die Probleme dieses Normbegriffs für die weitere Diskussion inspirierend sind.

4.2 Der semantische Normbegriff

4.2.1 Der semantische Normbegriff von Alexy

Zuerst unterscheidet Alexy die Normen und die Normsätze. Nach ihm kann dieselbe Norm durch verschiedene Normsätze ausgedrückt werden.[206] Diese Unterscheidung ist analog dazu, dass derselbe »*p*« in verschiedenen grammatischen Strukturen auf verschiedenen Sprachen gefasst werden kann, und sich dieselbe *p* in verschiedenen Sprechereignissen verkörpern kann,[207] wie Alexy ebenfalls gezeigt hat.[208, 209] Ohne Zweifel sind die Normen das primäre Untersuchungsobjekt. Wie er die Normen charakterisiert, kann in zwei Thesen zusammengefasst werden:

1) Die Trennung zwischen den Normen und ihrer Geltung: Dass eine Norm eine bestimmte Geltung hat, kann so verstanden werden, dass diese Norm unter eine bestimmte Kategorie fällt. Verschiedene Kategorien werden von ihren zugehörigen Kriterien bestimmt. In Alexyschen Worten sind diese Kategorien „Geltungstheorien", die Geltungskriterien angeben.[210] Angenommen, dass die Kategorie der sozialen Normen durch das Kriterium bestimmt wird, ob eine Norm in einer Gesellschaft regelmäßig befolgt wird, dann fällt eine Norm unter diese Kategorie, wenn sie dieses Kriterium erfüllt. Dabei kann man auch sagen, dass diese Norm als eine soziale Norm gültig ist. Somit ist die Frage nach der Geltung einer Norm eine Frage nach der Zuordnung dieser Norm. Einer bestimmten Geltung eine Norm zuzuordnen, heißt auch, diese Norm mit dem Begriff einer bestimmten Geltungstheorie oder -kategorie zu

206 Alexy, Theorie der Grundrechte, S. 43.

207 Siehe dazu oben, S. 80.

208 Alexy, Theorie der Grundrechte, S. 43. Aber seine Meinung, dass eine Analogie zwischen einer Norm und einem Gedanken besteht, ist problematisch. Siehe unten.

209 Nur muss die Entscheidung der Identität einer Norm außerdem die Bedeutungsregeln von »*p*« noch mehr in Betracht ziehen. Siehe unten.

210 Alexy, Theorie der Grundrechte, S. 49.

bezeichnen. Es gibt zahllose Zuordnungsweisen: bezüglich einer Institution oder nicht, hoch theoretisiert oder alltäglich, kontrovers oder trivial, subjektiv oder objektiv usw. Die bisherige Darstellung deutet an, dass wir etwas Gemeinsames von den Normen unterschiedlicher Kategorien abstrahieren können. Bevor wir die Normen zuordnen können, müssen wir bereits etwas als Normen identifiziert haben. Das ist die wichtigste Einsicht von Alexy: „Eine weitere Stärke des semantischen Normbegriffs besteht darin, daß er nicht nur mit Geltungstheorien der unterschiedlichsten Art vereinbar ist, sondern auch von ihnen vorausgesetzt wird."[211]

2) Die Struktur der deontischen Modalität als das unterscheidende Merkmal der Normen: Dann muss Alexy beantworten, wie die Normen vor ihrer Zuordnung und unabhängig von ihren Kategorien von uns identifiziert werden können. Die deontische Modalität, das heißt die logische Struktur der Normen, ist seine Antwort.[212] Aus dem Grund, dass eine Norm als eine semantische Entität die deontische Modalität zum Inhalt hat, benutzt Alexy den Terminus des „semantischen Normbegriffs".[213] Damit kehrt Alexy zu v. Wright zurück, und zwar dass die Normen Gebote, Verbote und Erlaubnisse sind.

4.2.2 Der Vorteil und das Problem des semantischen Normbegriffs von Alexy

4.2.2.1 Vorteil

Dass Alexy die Identifizierung der Normen von ihrer Geltung trennt, ist ein großer Fortschritt. Weil es zahllose Zuordnungsweisen der Normen gibt, ist eine

211 Theorie der Grundrechte, S. 49.

212 Alexy, Theorie der Grundrechte, S. 44; vgl. zur Darstellung der deontischen Modalität von Alexy selbst Theorie der Grundrechte, S. 182 ff. Der Terminus „deontische Modalität" impliziert, dass Alexy die Auffassung übernimmt, die deontische Logik mittels der Modallogik zu behandeln (vgl. dazu Alexy, Theorie der Grundrechte, S. 183, Fn. 86). Diese Auffassung wurde von v. Wright vertreten (vgl. dazu ders., On the Logic of Norms and Actions), die v. Wright aber letztendlich aufhebt (vgl. dazu ders., Gibt es eine Logik der Normen, S. 75 f.). Wer die modallogische Auffassung der deontischen Logik nicht akzeptiert, würde die Terminologie „deontische Modalität" auch ablehnen. Es ist aber klar, was Alexy mit der deontischen Modalität gemeint hat, ist, neutraler ausgedrückt, die logische Struktur der Normen. Ob „Normenlogik" oder „deontische Logik" die bessere Benennung ist, und ob es zwei verschiedene Begriffe sein sollten, davon wird in unserer Diskussion abgesehen. In dieser Arbeit werden „Normenlogik" und „deontische Logik" als Synomyna im Wechsel verwendet.

213 Alexy, Theorie der Grundrechte, S. 44 f.; vgl. dazu ders., S. 42, Fn. 10.

Analyse des Normbegriffs schwer zu beginnen und unmöglich zu vervollständigen, wenn der Normbegriff mit Geltung verbunden ist. Es wurde schon gezeigt, dass das Geltungsproblem überhaupt nicht infrage kommen kann, wenn ein Ausdruck – verbal oder nonverbal – nicht zuerst als eine Norm identifiziert wird. Deshalb empfiehlt es sich, den Normbegriff unabhängig von der Geltung zu untersuchen. Dies wird von Alexy am klarsten verdeutlicht. Das ist der Grund, weshalb Alexys Vorschlag als Ausgangspunkt ausgewählt wird.

Bezüglich der obigen Idee ist der Geltungsbegriff der Normen weiter zu verdeutlichen. „Geltung" ist nach Kelsen „die spezifische Existenz der Normen".[214,215] Diese Definition ist verbreitet, aber in unserem Zusammenhang nicht anwendbar, denn nach dieser Definition existiert eine Norm nur dann, wenn sie gültig ist. In unserem Zusammenhang kann eine Norm aber identifiziert werden, ohne dass ihr irgendeine Geltung zugesprochen wird. In diesem Fall kann man sagen, dass eine Norm „existiert", aber hinsichtlich ihrer Existenz ist die Geltungsfrage gleichgültig. Hier geht es vielmehr um die Frage, was die Existenz einer Norm heißt. Die Antwort liegt in der folgenden Diskussion. Wichtig ist nur, dass die Geltung und die Existenz der Normen nicht auszugleichen sind, wenn wir davon ausgehen, die Normen von ihrer Geltung zu trennen.

4.2.2.2 Problem

Während Alexy mit Recht gezeigt hat, dass die Normen unabhängig von ihrer Geltung identifiziert werden können und – hinsichtlich des erwünschten methodischen Vorteils – sollten, hat er die Erklärung dafür, wie wir die Normen identifizieren, nicht völlig ausgearbeitet. Diese Frage kann man im Anschluss an den am Anfang dieser Arbeit erörterten Zusammenhang zwischen Bedeutung und Verstehen mit anderen Worten wie folgt formulieren: Was ist die Bedeutung der Normen? Wie versteht man die Normen? Es ist im Rahmen einer juristischen Theorie, wobei Alexy den semantischen Normbegriff entwickelt, vielleicht nicht

---

214 Kelsen, Reine Rechtslehre 1. Aufl., S. 21, ders., Reine Rechtslehre 2. Aufl., S. 7, 9.; ders., Allgemeine Theorie der Normen, S. 2; S. 21–23.

215 Die Gedanken von Kelsen in seiner langen akademischen Laufbahn lassen sich in verschiedene Phasen einteilen. Vgl. dazu Heidemann, Die Norm als Tatsache, und die Auseinandersetzungen zwischen Heidemann und Paulson: Paulson, Four Phases in Hans Kelsens Legal Theory?; ders., Arriving at a Defensible Periodization of Hans Kelsen's Legal Theory; Heidemann, Norms, Facts, and Judgments. A Reply to S. L. Paulson; ders., Noch einmal: Stanley L. Paulson und Kelsens urteilstheoretischer Normbegriff.

erforderlich, solchen Fragen auf den Grund zu gehen, aber die sprachanalytische philosophische Grundlage in dieser Arbeit muss einen nächsten Schritt wagen.

4.2.2.2.1 Die Identifizierung der Normen

Woran mangelt es in der Erklärung von Alexy? Es geht um die logische Struktur der Normen. Ich meine nicht, dass die logische Struktur nicht das unterscheidende Merkmal der Normen ist. Davon, dass diese Struktur ausschließlich tautologisch erklärt werden kann, soll hier auch nicht die Rede sein. Vielmehr will ich mit Alexy die Unvermeidbarkeit des Definitionsregresses – sogar auf radikalere Weise – verteidigen:[216] Weil alle Erklärungen für die Bedeutung und das Verstehen der sprachlicher Ausdrücke innersprachlich sein müssen, können diese Erklärungen natürlich – im vereinfachten Sinne – nur aus Definitionsregressen oder Begriffsketten bestehen und deswegen tautologisch sein, sonst scheitern sie. Daher ist der Definitionsregress zwangsläufig. Dies zeigt sich zunächst bei der Kritik an dem gegenstandstheoretischen Ansatz und lässt sich dann bei der Gründung des institutionellen Ansatzes nachweisen. Trotzdem können wir in Anlehnung an Tugendhat „erhellende" und „nichtssagende" Tautologien unterscheiden.[217] Der infinite Regress an sich ist kein Problem. Wichtig ist nur, wie solcher Regress bezüglich eines Themas geschieht, wie die Begriffe dabei aneinander gekettet werden, und ob dies alles für ein Thema einleuchten kann.[218]

Das echte Problem liegt darin, dass es bei der Identifizierung der Normen etwas gibt, was noch grundlegender als die logische Struktur der Normen ist. Dies lässt sich durch zwei Punkte erklären:

1) Die Behauptungen haben auch eine bestimmte logische Struktur, das heißt eine aussagelogische Struktur, die mannigfaltig dargestellt werden kann. Wir können auch sagen, dass diese aussagelogische Struktur zu dem unterscheidenden Merkmal der Behauptungen gehört. Aber identifizieren wir vorerst, dass eine Äußerung eine Behauptung ist, und wissen wir dann, dass sie eine aussagelogische Struktur hat, oder umgekehrt? Das Richtige ist offenbar das Erstere. Ebenso wissen wir, dass eine Äußerung normenlogisch strukturiert ist, vorausgesetzt, dass sie schon als eine Norm identifiziert oder angesehen worden ist.

216 Vgl. dazu Alexys, Theorie der Grundrechte, S. 44.

217 Tugendhat, Einführung in die sprachanalytische Philosophie, S. 302.

218 Dabei spielt der schon erwähnte Begriff der Kohärenz eine Rolle. Vgl. zur Untersuchung dieses Begriffes durch eines Regelsystems Alexy/Peczenik, The Concept of Coherence and Its Significance for Discursive Rationality.

2) Abgesehen von dem obigen Problem hätte Alexys Erklärungsstrategie auf den ersten Blick den Vorteil, ein relativ definitives Identifizierungskriterium für die Normen anbieten zu können, ohne die Frage, was die Bedeutung der Normen ist, direkt zu beantworten. Das ist aber nur ein Scheinvorteil, weil die Logik der Normen nicht wirklich so unumstritten ist. Zum Beispiel ist es anerkannt, dass Kelsen in „Allgemeine Theorie der Normen" einen normenlogischen Skeptizismus vertritt.[219] Natürlich kann man den normenlogischen Skeptizismus beiseiteschieben, weil es zu fast allen Denkansätzen immer auch Skeptizismus gibt. Aber auch im Bereich der Meinungen, die die Normenlogik anerkennen, stößt diese Erklärungsstrategie auf ein Problem. Mit der deontischen Modalität will Alexy eigentlich die gegenseitige Definierbarkeit von Geboten, Verboten und Erlaubnissen als das Identifizierungskriterium der Normen kennzeichnen.[220] Ob und wie Verbote und Erlaubnisse gegenseitig definierbar sein können, ist jedoch nicht indisputabel, weil sie an strittige normenlogische Probleme gekoppelt sind: Was bedeutet die Negation von Geboten oder Verboten? Sind Erlaubnisse die Normen?[221] Letztendlich sind die Antworten auf diese Fragen davon abhängig, wie Gebote oder Verbote verstanden werden sollten. Das heißt, dass in letzter Instanz die Rückkehr zur Erklärung der Bedeutung der Normen unvermeidbar ist.

Alexy vernachlässigt nicht, dass zur Identifizierung der Normen nur die logische Struktur nicht ausreicht, und erwähnt auch einige Hinweise auf die Identifizierung der Normen. Er zeigt zu Recht, dass die Identifizierung der Normen nicht von Modalverben oder von bestimmten Satzformen abhängig ist,[222] genau wie die früher gezeigte Identifizierung der illokutionären Akte, die weder von den illokutionären Verben noch von bestimmten grammatischen Strukturen bestimmt wird. Eine positive Bestimmung gibt er aber nicht an. Für ihn hängt die Bestimmung vom Kontext ab, und das ist seiner Meinung nach ein sogenanntes pragmatisches Problem: „Daß auf diese Weise pragmatische Gesichtspunkte für die Identifikation von etwas als Norm unerläßlich werden, ändert nichts daran, daß

---

219 Vgl. dazu Heidemann, Die Norm als Tatsache, S. 198 ff.; Weinberger, Normentheorie als Grundlage der Jurisprudenz und Ethik, S. 94 ff.; Zoglauer, Normenkonflikte, S. 83 ff.

220 Siehe oben, Fn. 213.

221 Vgl. dazu Weinberger, Alternative Handlungstheorie, S. 160 ff.

222 Alexy, Theorie der Grundrechte, S. 45 f.

dasjenige, was identifiziert wird, eine semantische Entität ist, nämlich ein Bedeutungsinhalt, der eine deontische Modalität einschließt."[223]

Jan-Reinhard Sieckmann bemerkt auch das Problem, „ob eine Definition der Norm beim Normsatz ansetzen kann und ob nicht die Kenntnis der Norm Voraussetzung für die Identifizierung eines Normsatzes ist"[224]. Er hat Recht, dass die Ersetzbarkeit durch einen deontischen Satz als ein Kriterium gelten kann, ob eine Äußerung eine Norm ist, und dass das obige Problem kein Einwand gegen die Normen als die Bedeutung von Normsätzen ist.[225] Aber die jetzige Frage ist nicht, ob die Normen die Bedeutung von Normsätzen sind, sondern, was diese Bedeutung ist, wie man sie explizieren kann. Warum wissen wir, dass einige Sätze über die deontische Sätze formuliert werden können aber einige wiederrum nicht? Die Antwort ist, wie Sieckmann selbst schon erwähnt, dass wir die Kenntnis für die Identifizierung der Norm bereits beherrscht haben. Zwar kann man wie Sieckmann sagen, dass das ein „allgemeines Problem der Interpretation von Sätzen" ist.[226] Man muss aber beachten, dass es weder willkürlich noch kontingent ist, wann eine Äußerung als eine Norm interpretiert bzw. identifiziert werden sollte. Die Identifizierung der Normen muss einer Regelgeleitetheit unterliegen, sonst können wir nicht erklären, wie wir in den infiniten Möglichkeiten der Situationen bestimmte Äußerungen als die Normen identifizieren können. Diese Regelgeleitetheit ist die zu erklärende Bedeutung der Normen.

Hier will ich wieder auf den Behauptungsbegriff zurückkommen. Der Wahrheitsanspruch ist zweifellos das grundlegendste unterscheidende Merkmal der Behauptung. Ob der Wahrheitsanspruch zur Semantik oder zur Pragmatik gehört, wird von verschiedenen Autoren vielleicht ganz unterschiedlich beantwortet. Darüber will ich hier nicht debattieren. Aber wie schon gesehen, ist diese Unterscheidung bei der Erklärung des Wahrheitsanspruchs nicht hilfreich. Es könnte schlimmer sein, wenn sie fälschlicherweise auf einen Erklärungszugang übertragen wird.[227] Denn der Wahrheitsanspruch ist einerseits mehr als die Bedeutungsregeln von »*p*« – diese Dimension würden manche Autoren als pragmatisch bezeichnen – aber andererseits nur durch diese Bedeutungsregeln erklärbar – eine logisch-semantische Dimension –. Der Wahrheitsanspruch bezieht die Bedeutungsregeln von »*p*« auf eine eigene Weise in ein Sprachspiel ein, was eine Äußerung als eine Behauptung identifizierbar macht und den aussagelogischen

223 Alexy, Theorie der Grundrechte, S. 44 f.
224 Sieckmann, Regelmodelle und Prinzipienmodelle des Rechtssystems, S. 29.
225 Sieckmann, Regelmodelle und Prinzipienmodelle des Rechtssystems, S. 29.
226 Sieckmann, Regelmodelle und Prinzipienmodelle des Rechtssystems, S. 29.
227 Siehe oben, S. 65 f.

Widerspruch ermöglicht. Das ist der Grund, weshalb der Wahrheitsanspruch hinsichtlich der Identifizierung der Behauptung grundlegender als die aussagelogische Struktur ist. Der Wahrheitsanspruch in diesem Sinne ist auch der Ausweg aus der Schwierigkeit des gegenstandstheoretischen und des intentionalistischen Ansatzes. Nur damit können wir erklären, was es heißt, dass etwas der Fall ist, dass ein Sachverhalt existiert, ohne fälschlicherweise an den psychologischen Zustand oder an konkrete oder abstrakte Gegenstände zu appellieren.

Es liegt nahe, dass es bei den Normen auch eine „Parallele" zum Wahrheitsanspruch gibt. Erst wenn diese Parallele richtig dargelegt wird, wäre nicht nur eine vollkommene Erklärung für die Identifizierung bzw. die Bedeutung der Normen, sondern auch eine weitere Explikation für die nicht erhellenden gegenstandstheoretischen Ausdrucksweisen der Normen, wie z. B. „etwas soll der Fall sein" oder „normativer Sachverhalt", möglich. Leider hört Alexy vor diesem Punkt auf. Eine solche Schwäche hat zwei mögliche Ursachen. Die erste ist, dass Alexy auch von der irrelevanten Semantik/Pragmatik-Unterscheidung gestört wird. Die zweite ist seine problematische Interpretation des Fregeschen Gedanke. Wir haben gesehen, dass Frege die Struktur der Kombination von »*p*« und verschiedenen Modi entdeckt hat, wenn der Gedanke als »*p*« interpretiert wird.[228] Aber Alexys Interpretation ist genau das Gegenteil davon. Für ihn sind sowohl die Bedeutung der Normen als auch die der Aussagen (Behauptungen) der „Gedanke".[229] Das heißt, dass die Bedeutung der Normen von ihm auf »*p*« reduziert wird. Diese Methode wird das unterscheidende Merkmal der Normen außer Acht lassen. Dabei wird die Bedeutung der Normen nicht expliziert, sondern vorausgesetzt.

Man würde sagen, dass meine Kritik nur den Konflikt zwischen den zwei von Carlos E. Alchourrón und Eugenio Bulygin konstruierten Normbegriffen, nämlich dem expressiven Normbegriff und dem hyletischen Normbegriff, widerspiegelt. Was ich lediglich gemacht habe, ist, aus Sicht des expressiven Normbegriffs den hyletischen Normbegriff anzufechten. Zugegebenermaßen sieht es so aus, dass meine Kritik den expressiven Normbegriff bereits voraussetzt und dass der semantische Normbegriff von Alexy dem hyletischen Normbegriff nahesteht. Und tatsächlich will ich auch einige Gesichtspunkte des expressiven Normbegriffs befürworten. Aber es muss zuerst aufgezeigt werden, dass dieses von Alchourrón und Bulygin konstruierte dichotomische Begriffspaar einen schwerwiegenden Fehler aufweist. Im Folgenden werde ich die Probleme dieses

228 Siehe oben, S. 14 f.

229 Alexy, Theorie der Grundrechte, S. 46, ders., Menschenrechte ohne Metaphysik?, S. 23; ders., Hans Kelsens Begriff der relativen Apriori, S. 182.

Begriffspaars erörtern und dann auf das Problem des semantischen Begriffs von Alexy und seinesgleichen zurückkommen.

4.2.2.2.2 Hyletischer und expressiver Normbegriff

Der hyletische und der expressive Normbegriff wird von Alchourrón und Bulygin folgendermaßen definiert:

> „For the *hyletic conception* norms are proposition-like entities, i.e. meanings of certain expressions, called normative sentence. A normative sentence is the linguistic expression of a norm and a norm is said to be the meaning of a normative sentence in much the same way in which a proposition is regarded as the meaning (sense) of a descriptive sentence. But normative sentence, unlike descriptive sentence, have *prescriptive meaning*: that something ought, ought not, or may be the case (or be done).
>
> In this conception, norms are not language-dependent; they can only be expressed by linguistic means, but their existence is independent of any linguistic expression. There are norms that have not yet been formulated in any language and that perhaps will never be formulated. A norm is, in this view, an abstract, purely conceptual entity."[230]

> „For the *expressive conception*, instead, norms are the result of the prescriptive use of language. A sentence expressing the same proposition can be used on different occasions to do different things: it can be asserted, interrogated, commanded, conjectured, etc. The result of the performance of these actions will be a statement, a question, a command or a conjecture. It is only on the pragmatic level of the use of language where the difference between statements, questions, commands etc. arises: there is no such difference on a semantic level. (…) The signs '⊢' and '!' will be used to indicate the kind of linguistic act (assertion or command) performed by an (unspecified) speaker. These signs are mere *indicators* of what the speaker does when uttering certain words, but they do not contribute to the meaning (i. e. the conceptual content) of the word uttered. They show what the speaker is doing, but in doing it he does not say what he is doing; so they are not part of what he says, or what his words mean."[231]

Die Konstruktion dieser zwei Normbegriffe hat folgende Schwachpunkte:

1) Ob die Normen als ewige, nicht von Sprache abhängige abstrakte Gegenstände betrachtet werden, ist nicht ein zwingendes Klassifikationskriterium. Zum Beispiel kann man die Normbegriffe von Alexy, Weinberger und Sieckmann alle dem hyletischen Normbegriff zuordnen, aber nur Alexy koppelt die Normen an solche Gegenstände.[232] Das Problem lässt sich erst dann einfach

230 Alchourrón/Bulygin, The Expressive Conception of Norms, S. 96.

231 Alchourrón/Bulygin, The Expressive Conception of Norms, S. 96 f.

232 Vgl. zur Meinung von Weinberger, ders., The Expressive Conception of Norms, S. 168 f.; siehe zur Meinung von Sieckmann unten.

lösen, wenn dieses unnötige Kriterium aus dem hyletischen Normbegriff entfernt wird.[233]

2) Der schwerwiegende Fehler liegt im expressiven Normbegriff. Laut Alchourrón und Bulygin werden die Normen beim expressiven Normbegriff als die illokutionären Akte verstanden. Deshalb haben die Normen die Strukturen der Kombination der illokutionären Kräfte und des propositionalen Gehalts, die durch den Symbolismus von K»*p*« in dieser Arbeit repräsentiert wird. Ich halte diese Auffassung für den richtigen ersten Schritt, die Normen zu erklären. Aber ihre Meinung, dass die illokutionären Kräfte bzw. verschiedenen Modi als verschiedene Gebrauchsweisen von »*p*« keine „Bedeutungen" haben - mit ihren Worten: Sie können nicht zu der „Bedeutung" beitragen –, ist sehr fragwürdig. Dies führt zu einem unerwünschten Ergebnis: Weil die Normen als der präskriptive Gebrauch von »*p*« im Grunde der Verkündigungsakt der Normen (the act of promulgating a norm) ist,[234] der nicht zur Bedeutung gehört,[235] ist die Existenz der Normen nur augenblicklich.[236] Mit Weinbergers Worten: Sie existieren nur im Zeitpunkt ihrer Vollendung.[237] Folglich besteht die dauerhafte Existenz der Normen darin, dass sie repetitiv verkündet werden.[238]
Die Absurdität dieser Ansicht kann man ohne Weiteres aufzeigen, weil sie schon zu weit von unserem Sprachgebrauch entfernt ist. Können wir sagen, dass jemandes Befehl oder Versprechen nur zum Zeitpunkt dessen Ausführung existiert, weil sie als „Tun" keine Bedeutung haben? Muss man denselben Befehl oder dasselbe Versprechen immer wieder ausführen, um sie kontinuierlich existieren zu lassen? Die Antworten sind sicherlich negativ. Auch wenn

---

233 Tatsächlich wird es nicht mehr an anderen Stellen von Alchourrón und Bulygin hervorgehoben. Vgl. dazu Alchourrón/Bulygin, Pragmatic Foundations for a Logic of Norms, S. 453 f.; Bulygin, Norms and Logic, S. 146 f.

234 Alchourrón/Bulygin, The Expressive Conception of Norms, S. 100.

235 Alchourrón/Bulygin, The Expressive Conception of Norms, S. 97: „If norms are expressions in a certain pragmatic mood, then they are not part of the meaning; if they are meanings (propositions), they are independent of any use of language or pragmatic mood."

236 Alchourrón/Bulygin, The Expressive Conception of Norms, S. 100.

237 Weinberger, Alternative Handlungstheorie, S. 61.

238 Alchourrón/Bulygin, The Expressive Conception of Norms, S. 101. Es scheint, dass Alchourrón und Bulygin die zeitlose Existenz der Normen auch verteidigen wollen, wenn sie die zeitliche Existenz der Normen als eine Metapher bezeichnen. Aber genau genommen verteidigen sie nur die zeitlose Existenz der Normbehauptungen und nicht die Normen (The Expressive Conception of Norms, S. 106; siehe zum Unterschied zwischen den Normen und den Normbehauptungen unten).

man, abgesehen von den obigen Problemen, versucht, diese Ansicht anzunehmen, stößt man auf ein anderes Problem: Existiert ein Befehl oder ein Versprechen in der Zeitspanne zwischen ihren mehrmaligen Ausführungen?
Diese Schwierigkeiten stammen aus den zweifelhaften Auslegungen der illokutionären Kräfte und Akte sowie aus dem Bedeutungsbegriff bei Alchourrón und Bulygin, die zum Teil durch die frühere Diskussion in dieser Arbeit schon veranschaulicht werden konnte. Ich will aber eine mögliche Redundanz in Kauf nehmen und im Einzelnen darauf eingehen, was nicht mit den Meinungen von Alchourrón und Bulygin übereinstimmt, weil das für meinen theoretischen Zweck von großer Bedeutung ist. Um die Normen als die illokutionären Akte zu erklären, muss ich zuerst die problematischen Interpretationen von Alchourrón und Bulygin, die diese Idee nicht überzeugend machen – obwohl Bulygin den expressiven Normbegriff vorzieht –,[239] beheben.

a) Der Hauptgrund, aus dem Alchourrón und Bulygin die illokutionären Kräfte aus dem Bereich der Bedeutung ausschließen, ist die Austinsche Unterscheidung zwischen Kraft und Bedeutung.[240] Wir haben aber gesehen, dass diese Unterscheidungen von Austin nicht eindeutig aufgeklärt werden. Wie Searle gezeigt hat, ist das Herausnehmen der Kraft aus der Bedeutung einer Äußerung nicht sinnvoll und kann das wichtigste Moment unseres Sprachgebrauchs nicht begreifen. Wir haben auch gesehen, dass die Austinsche Bedeutung bzw. „sense and reference" als »*p*« verstanden werden sollte. Deshalb empfiehlt es sich, die Kraft und die Austinsche Bedeutung als zwei Bedeutungskomponenten einer Äußerung zu interpretieren: die illokutionäre Kraft (K) und der propositionale Gehalt (»*p*«).[241] Diese zwei Bedeutungskomponenten haben verschiedene Leitbegriffe. Bei »*p*« ist der Leitbegriff der Wahrheitswert, das heißt, wie die Bedeutungsregeln von »*p*« zum Wahrheitswert von »*p*« beitragen. Bei K ist der Leitbegriff die Regelgeleitetheit eines Sprachspiels, das heißt, wie das obige Beispiel des Wahrheitsanspruchs, wie die Bedeutungsregeln von »*p*« auf eine bestimmte Weise in ein Sprachspiel einbezogen werden. Hervorzuheben ist, wie schon erwähnt, dass die Bedeutung eines illokutionären Akts aus den beiden Bedeutungskomponenten besteht, wobei sie keine zwei unkorrelierten Einheiten sind, sondern in einer Wechselbeziehung stehen. Wie K und »*p*« zusammen zur Bedeutung eines illokutionären

239 Bulygin, Norm and Logic, S. 157, Fn. 27.
240 Vgl. dazu Bulygin, Norm and Logic, S. 147, Fn. 6.
241 Siehe dazu oben, „2.2. Das Propositionale statt des Lokutionären".

Akts beitragen, hat nach Austin viele Diskussionen hervorgerufen,[242] die Alchourrón und Bulygin bei der Konstruktion der zwei Normbegriffe völlig vernachlässigt haben. Ihre Grundlage ist ein beschränkter Bedeutungsbegriff, der nur die eine Bedeutungskomponente (die Bedeutung von »*p*«) einschließt. Ein solch enger Bedeutungsbegriff hat seine Tradition, und es ist vielleicht bei manchen Themen vorteilhaft, ihn als einen Ausgangspunkt zu wählen. Das bedeutet aber natürlich nicht, dass K und die Normen als die illokutionären Akte nicht zum Bereich der Bedeutung gehören.

b) Bei Alchourrón und Bulygin kann man eine solche Dichotomie finden: »*p*«/Semantik/Bedeutung; K/Pragmatik/nicht Bedeutung.[243] Es scheint, dass die Semantik/Pragmatik-Unterscheidung ein Grund für ihren engen Bedeutungsbegriff ist. Jedoch hilft die Semantik/Pragmatik-Unterscheidung wiederum nicht. Zum Beispiel wird die Untersuchung der illokutionären Akte von Searle als pragmatisch bezeichnet,[244] aber seine Theorie befasst sich laut dem Autor mit der Bedeutung der Äußerungen. Für Tugendhat sind verschiedene Modi, wie wir im weiteren Verlauf sehen werden, immer noch „semantische" Probleme. Was mit dieser Unterscheidung gemeint werden kann, ist relativ unbestimmt. In welchem Zusammenhang die Semantik/Pragmatik-Unterscheidung und ihr Bedeutungsbegriff einander stützen können, darüber geben Alchourrón und Bulygin aber kaum eine Erklärung ab.

c) Die tiefliegende Ursache der obigen Probleme ist sehr wohl die wortwörtliche Interpretation der illokutionären Akte als „Tun" (perform). Was man gemacht hat, kann man nach Alchourrón und Bulygin nicht gleichzeitig sagen: „What a speaker *does* on a certain occasion cannot be said by him (on the same occasion): it can only be shown by a gesture, a certain inflexion of the voice or some special sign, but these devices only show the mood in which the sentence is used; they do not form part

242 Eine Richtung von ihnen, wie z. B. Searle in „Speech Acts", Dummett, Tugendhat und dieser Arbeit, macht die Regelgeleitetheit des Sprachspiels zum Mittelpunkt. Eine andere lenkt ihre Aufmerksamkeit mehr auf die Intentionen des Sprechers, wie z. B. Grice, Strawson und Searle in „Intentionality". Vgl. dazu Avramides, Intention and Conevntion, S. 64 ff.

243 Vgl. dazu Alchourrón/Bulygin, Pragmatic Foundations for a Logic of Norms, S. 454.

244 Vgl. dazu Vossenkuhl, Zur Pragmatik sprachlichen Handelns, S. 88 ff.; Habermas, Was heißt Universalpragmatik?, S. 385 ff.

of what the sentence says (i.e. its conceptual content).“[245] Dies lässt sich durch den dominierenden oder performativen Satz, mit dem man einen Befehl ausführt, widerlegen: „Ich befehle dir, das Fenster aufzumachen!“ In diesem Fall sagt man eindeutig, was man mit dem Satz gemacht hat. Was man gemacht hat, ist ein Teil der Bedeutung dieses Satzes. Dieser Fall ist keine Ausnahme. Vielmehr können fast alle illokutionären Akte über diese Satzform formuliert werden.

Eine Beeinträchtigung, die uns daran hindert, Akte und Bedeutung aneinanderzufügen, ist die Mehrdeutigkeit des Begriffs von Akt oder Tun. Wenn es darum geht, denkt man zuerst an den physikalischen Akt. Aber Akt oder Tun hat eine andere Bedeutung, die man als Aktivität, Tätigkeit oder genauer gesagt, als Spielhandlung verstehen sollte. Kommen wir wieder auf das Beispiel vom Schachspiel zurück: „Schach (den König)!“ ist eine Spielhandlung, die nicht bloß eine Reihe physikalischer Akte ist und eine Bedeutung hat. Was heißt die Bedeutung dieser Spielhandlung? Das heißt, dass die oben genannten physikalischen Akte vom Spieler unter den Begriff von „Schach!“ fallen, dass sie von uns mittels der konstitutiven Regeln von Schachspiel als „Schach!“ identifiziert werden. „Schach!“ besteht nicht nur aus diesen physikalischen Akten, ist aber ohne sie unerklärbar, weil dessen Bedeutung die Bezeichnung dieser Akte ist. Erst wenn wir von „Schach!“ sprechen, sprechen wir genau von dessen Bedeutung und nicht nur von den physikalischen Akten.

Das Gleiche gilt für alle illokutionären Akte, auch wenn die Situation dabei komplizierter sein könnte. Wenn wir sagen, dass jemand etwas behauptet oder befiehlt, sprechen wir nicht nur von ein paar physikalischen Akten, sondern von den Bedeutungen dieser Akte, nämlich von einer Behauptung oder einem Befehl. Das ist der Grund, weshalb die illokutionären Akte am Anfang dieser Arbeit metaphorisch als Züge im Sprachspiel erklärt wurden. Die Bedeutung der ernsthaften Äußerungen als Spielhandlungen zu verstehen, die zu Wittgenstein zurückgeführt werden sollte,[246] ist der wichtigste Beitrag der Sprechakttheorie von Austin und Searle, den wir beim institutionellen Ansatz und dem Verstehen von *p* und »*p*« gesehen haben. Zu einer illokutionären Erklärung der Normen ist es zwingend erforderlich, diesen Denkansatz auf andere illokutionären Akte außer des

245 Alchourrón/Bulygin, The Expressive Conception of Norms, S. 97.

246 Wittgenstein, Philosophische Untersuchungen, § 7, § 66.

assertorischen anzuwenden, aber nicht, die Bedeutungen der illokutionären Akte abzuerkennen.

Weil die Normen als die illokutionären Akte immer noch Bedeutungen haben, ist der dichotomische Unterschied zwischen dem hyletischen und dem expressiven Normbegriff keine akkurate Darstellung. Die ursprüngliche Idee dieser zwei Normbegriffe sollte folgendermaßen präzisiert werden:

Verschiedene Normbegriffe unterscheiden sich nur so im Ausmaß, inwiefern die Struktur von K»*p*« bei ihnen expliziert wird. Obwohl die meisten Autoren mehr oder weniger das Schema haben, dass »*p*« mit verschiedenen Modi kombiniert werden kann, ist es meistens nicht gründlich ausgearbeitet, wie »*p*« und diese Modi zu definieren und zusammenzusetzen sind. Wenn ein Autor dazu tendiert, diese Modi auf »*p*« zu reduzieren wie Alexy, steht er dem sogenannten hyletischen Normbegriff nahe. Wenn ein Autor die Modi von »*p*« entfernt und ein primitives Leitbild ähnlich wie K»*p*« hat, sieht er wie ein Vertreter des sogenannten expressiven Normbegriffs aus. Mangels einer Explikation der Struktur von K»*p*« als eine Grundlage könnte der Normbegriff desselben Autors wegen verschiedener Formulierungen mancherorts eher hyletisch und mancherorts eher expressiv aussehen, wie Alchourrón und Bulygin gezeigt haben.[247]

Die letzte Frage ist, warum eine Erklärungsmethode mittels K»*p*« nötig ist? Die Antwort ist einfach, und zwar, dass das eine bessere Methode ist. Bei Alexy haben wir gesehen, dass sich ohne K»*p*« das zu erklärende Moment nicht deutlich freilegen lässt. Hier kann ein anderes Beispiel hinzugefügt werden. Im Definitionszusammenhang von Sieckmann enthalten die „Aussagen" die „Bewertung des in ihnen angegebenen Sachverhalts als bestehend", während die „einfachen Sätze" nur die Formulierungen des Sachverhalts sind, ohne den formulierten Sachverhalt als bestehend zu bewerten.[248] Es ist leicht zu erkennen, dass bei Sieckmann der Sachverhalt mit »*p*«, und die Bewertung eines Sachverhalts als bestehend gleichbedeutend mit dem Wahrheitsanspruch in dieser Arbeit ist. Was von ihm als Aussagen und einfache Sätze bezeichnet wird, sind also *p* und »*p*«. Bis hierhin ist alles in Ordnung.[249] Dann konstruiert er in Analogie zu den einfachen Sätzen die

247 Alchourrón/Bulygin, The Expressive Conception of Norms, S. 97 f.

248 Sieckmann, Semantischer Normbegriff und Normbegründung, S. 233.

249 Hinsichtlich der Problematik von Aussagen nehmen diese Arbeit und Sieckmann eine ähnliche Position ein: 1) Sieckmann vermeidet auch eine gegenstandtheoretische Auffassung von Aussagen, indem er die Identität von Aussagen durch ihre Wahrheitsbedingungen definiert (Semantischer Normbegriff und Normbegründung, S. 231 f.). 2) Er zeigt auch, dass man nur *p* und nicht »*p*« sinnvoll bejahen oder verneinen kann (Semantischer Normbegriff und Normbegründung, S. 234 f.).

„einfachen Normsätze", um einen nicht mit Geltung verbundenen Normbegriff, den wir auch anstreben, darzustellen. Die einfachen Normsätze formulieren die „normativen Sachverhalte", ohne die Geltung der Normen zu behaupten.[250] Was ist der Unterschied zwischen den einfachen Sätzen und den einfachen Normsätzen? Der Unterschied liegt nur darin, dass die einfachen Sätze »*p*«, aber die einfachen Normsätze „normativer »*p*«" sind. Aber was ist ein normativer »*p*«? Ist die Bedeutung des Adjektivs „normativ" ein Teil von »*p*« oder etwas anderes? Wie wandelt sie ein »*p*« zu einer Norm um? Die Bedeutung von „normativ" ist genau das, was einer Erklärung bedarf. Wenn diese Fragen nicht beantwortet werden, hat die Definition, dass die Normen der normativen Sachverhalte sind, genauso wenig gesagt wie ein solcher Ausdruck: Die Normen sind normativ.

Nun versuchen wir, den Normbegriff mithilfe K»*p*« zu behandeln. Die Normen und die Behauptungen unterscheiden sich in der illokutionären Kraft (K) und nicht im propositionalen Gehalt (»*p*«). Die Behauptungen sind K_b»*p*«, was schon ausführlich ausgearbeitet wurde. Angenommen, dass die Normen K_x»*p*« sind, was K_x ist, und wie K_x und »*p*« zusammen zur Bedeutung von K_x»*p*« – wie K_b und »*p*« zur der von K_b»*p*« – beitragen, sind die Schlüssel zur Erklärung der Normen.

In diesem Zusammenhang besteht die Aufgabe darin, neben einer schon erläuterten illokutionären Kraft eine andere illokutionäre Kraft zu verdeutlichen. Dafür muss man erläutern, wie sie im Verhältnis zueinander stehen, weil sie keine zwei isolierten Begriffe ohne Relevanz sind. Aber dazu muss noch mehr in Augenschein genommen werden, weil die Bestimmung ihres Verhältnisses voraussetzt, andere ähnliche Kräfte oder Modi auseinanderhalten zu können. Aus diesem Grund ist eine Klassifikation der illokutionären Kräfte zwangsläufig. Sie muss für unseren Zweck jedoch nicht umfangreich sein.

4.3 Die Klassifikation der illokutionären Kräfte hinsichtlich der Normen

Die illokutionären Kräfte nach den illokutionären Verben zu klassifizieren, ist die einfachste Methode. Sie ist aber für unseren Zweck nicht nützlich.[251] Der Vorschlag von Habermas kann auch nicht viel leisten. Die „imperativen Sprechhandlungen" bei ihm ähneln den Normen in dieser Arbeit, jedoch nur mit weniger Erklärung. Die „regulativen Sprechhandlungen" setzen einen mit Geltung

250 Bei dieser Analogie wird eine andere Analogie, nämlich die zwischen Wahrheit und Geltung, unterstellt. Siehe unten.

251 Vgl. dazu Searle, Expression and Meaning, S. 9.

verbundenen Normbegriff voraus, der dem gegenstandstheoretischen Ansatz nahesteht und unhaltbar ist.[252] Tugendhat hat den Klassifikationsvorschlag von Searle und Austin aufgrund der Vernachlässigung der „formalsemantischen Fragen" als „orientierungslos" bezeichnet.[253] Diese Kritik ist vielleicht zu streng, aber die von Tugendhat genannten formalsemantischen Fragen sind wirklich ein wichtiger Anhaltspunkt.

Nach der Ausschöpfung der assertorischen illokutionären Kraft hat Tugendhat nur einige Hinweise für andere Modi gegeben. Den wichtigsten Hinweis haben wir vorgegriffen, nämlich dass der Wittgensteinsche Grundsatz nicht nur für *p*, sondern auch für K»*p*« gilt. Die assertorische illokutionäre Kraft kann viele Varianten haben. Zum Beispiel setzen sowohl eine Warnung als auch eine Beschwerde eine Behauptung voraus, sofern sie sich auf Tatsachen berufen. Sie haben außerdem andere Elemente, die aber nicht im Fokus dieser Arbeit stehen. Wichtig ist nur, dass die assertorische illokutionäre Kraft als eine „Familie" angesehen werden kann. Stellen wir uns jetzt vor, dass es eine andere Familie gibt, die die assertorische Familie charakteristisch von der anderen ausschließt. Typische Beispiele dafür sind drei Satzarten: Imperativ, Wunschsatz und Intentionssatz.[254] Sie werden hier nicht präzis als Terminologien definiert, weil wir nur ihre umgangssprachliche Bedeutung als Hilfsmittel brauchen. Diese Sätze können nicht wahr oder falsch sein, aber sie können befolgt oder erfüllt werden. Sie werden befolgt oder erfüllt, wenn ihr »*p*« wahr ist. Wir verstehen, wie sie zu befolgen oder zu erfüllen sind, wenn wir verstehen, wann ihr »*p*« wahr ist.[255] Angenommen, dass diese drei Satzarten zu einer Gruppe gehören, bekommen wir neben der assertorischen Familie eine andere Familie. Die beiden gehen von derselben Grundlage bzw. von den Bedeutungsregeln von »*p*« aus, aber haben entgegengesetzte Orientierungen. Das Interesse der einen liegt darin, dass das von dem Sprecher vorweggenommene Ergebnis mit dem nach den Bedeutungsregeln von »*p*« zu verifizierenden Ergebnis übereinstimmt, und die der anderen darin, dass der Sprecher das Geschehen von etwas will, was zum Ergebnis führt, das mit dem

---

252 Habermas, Theorie des kommunikativen Handelns. Bd. 1, S. 435 f; ders., Begründungsprogramm, S. 69 f.

253 Tugendhat, Einführung in die sprachanalytische Philosophie, S. 512. Diese Kritik richtet sich gegen die Meinungen von Austin in „How to Do Things with Words" und die von Searle in „Speech Acts". Searle hat in seinen späteren Meinungen eine systematische Klassifikation entworfen, die die von Tugendhat genannten formalsemantischen Fragen schon berührt, aber leider nicht völlig expliziert. Siehe unten.

254 Hier folge ich Tugendhat, Einführung in die sprachanalytische Philosophie, 508 ff.

255 Tugendhat, Einführung in die sprachanalytische Philosophie, 508.

nach den Bedeutungsregeln von »*p*« zu verifizierenden Ergebnis übereinstimmt. Mit anderen Worten: Die eine garantiert die Erfüllung der Wahrheitsbedingungen von »*p*«, während die andere die Erfüllung der Wahrheitsbedingungen von »*p*« will.

Nach Tugendhat legt diese grundlegendste Dichotomie die Annahme nahe, dass es nur zwei fundamentale illokutionäre Kräfte gibt.[256] Die eine ist die schon bekannte assertorische und die andere nenne ich in Anlehnung an Tugendhat die „praktische illokutionäre Kraft". Searle zeigt auch eine ähnliche formale Struktur. Bei ihm gibt es zwei „Ausrichtungen": Wort-auf-Welt (words-to-world) und Welt-auf-Wort (world-to-words).[257] Sie entsprechen jeweils dem Charakter der assertorischen und dem der praktischen illokutionären Kraft. Es ist zu beachten, dass die Erfüllungen dieser Ausrichtungen, wie bereits gezeigt, nicht ohne die Bedeutungsregeln von »*p*« direkt auf psychologische Zustände zurückzuführen sind. Das ist der Grund, warum die psychologische Erklärung der Ausrichtungen und die vorsprachliche Intentionalität von Searle nicht viel leisten können.[258] Im metaphorischen Sinne kann man zwar sagen, dass die beiden fundamentalen illokutionären Kräfte von der Übereinstimmung zwischen Welt und Äußerungen handeln, aber genau genommen sollte man sagen, dass die beiden von der Verifikation der Äußerungen an sich – entweder wahr/falsch oder erfüllt/nichterfüllt – handeln. Die Übereinstimmung bedeutet die Verifizierbarkeit nach den Bedeutungsregeln von »*p*« und keine außersprachliche Korrespondenz. Was wir aus dem Scheitern des gegenstandstheoretischen und des intentionalistischen Ansatzes gelernt haben, gilt auch hier.

Ich halte diese Annahme für begründbar, denn fast alle illokutionären Akte können auf diese Dichotomie reduziert werden. Freilich gibt es spezielle Beispiele, wie z. B. die Versprechen, die eine kompliziertere Struktur haben. Das ändert aber nicht, dass die Versprechen durch ihre Erfüllung zu verstehen sind und deshalb auch zur praktischen illokutionären Kraft gehören. Nur muss eine vollständige Analyse zeigen, was darüber hinaus die Bedeutung der Versprechen ausmacht. Sowohl die assertorische als auch die praktische illokutionäre Kraft hat viele Varianten, aber genau das ist der Beweis, dass sie die Elementarkategorien sind. Ein

256 Tugendhat, Einführung in die sprachanalytische Philosophie, 510.

257 Searle, Expression and Meaning, S. 12 ff.

258 Searle, Intentionality, S. 10: „What is crucially important to see is that for every speech act that has a direction of fit the speech act will be satisfied if and only if the expressed psychological sate is satisfied, and the conditions of satisfaction of speech act an expressed psychological state are identical."; vgl. dazu ders., Expression and Meaning, S. 12 ff.

anderer anfechtbarer Punkt ist, ob es nicht nur zwei, sondern drei grundlegende illokutionäre Kräfte gibt. Eine solche Debatte ergibt sich daraus, dass die Ausdrücke über eigene Emotionen oder Gefühle an der Grenze liegen. Sie haben die Struktur der assertorischen illokutionären Kraft und können theoretisch wahr oder falsch sein, jedoch ist ihre Wahrheit schwierig zu verifizieren.[259] Diese Problematik ist interessant, aber für unsere Themen nicht entscheidend. Hier müssen nur die zwei fundamentalen illokutionären Kräfte in Betracht gezogen werden.

Gewiss sind die Normen der praktischen illokutionären Kraft zuzurechnen.[260] Aber man fragt sich, ob die praktische illokutionäre Kraft präzis genug ist, die Normen zu erklären. Beim ersten Anschein würde man schon vermuten, dass einige Angehörige dieser Familie nicht zu dem gesuchten Normbegriff passen. Der Wunsch nach dem Geschehen, für das niemand zuständig ist, kann jedenfalls nicht als die Normen angesehen werden. Ein solcher Wunschsatz, wie z. B. „Ich hoffe, dass es schneit", ist auszuschließen.[261] Daher bekommen wir für die Normen die erste zusätzliche Bedingung unter der praktischen illokutionären Kraft: Die gewollte Erfüllung der Wahrheitsbedingungen von »*p*« ist durch menschliche Handlungen – sowohl Tun als auch Unterlassung – zu realisieren. Dies entspricht dem Satz von Kelsen: Keine Norm ohne Normadressat.[262]

Die meisten Intentionssätze werden nicht als die Normen betrachtet, aber es gibt zwei Grenzfälle. Der eine betrifft die schon mehrmals erwähnten Versprechen. Normalerweise werden wir einen solchen Intentionssatz, wie z. B. „Morgen werde ich kommen" nicht den Normen zurechnen. Wenn er aber als ein Versprechen gilt, wird er mit den Normen kombiniert. Hier kann ich nicht auf die Struktur dieser Kombination im Einzelnen gehen, sondern nur zeigen, dass die Versprechen als die Sonderfälle der Intentionssätze in gewisser Beziehung zu den Normen stehen. Der andere bezieht sich auf die „autonomen Normen". Intentionssätze und Imperative unterscheiden sich darin, dass sich das Erstere an die Handlungen der Sprecher selbst, während sich das Letztere an die Handlungen der anderen richtet.[263] Das entspricht dem Unterschied zwischen Heteronomie und Autonomie. Imperative stellen die Zentralfälle der Normen dar.

---

259 Vgl. dazu Habermas, Theorie des kommunikativen Handelns. Bd. 1, S. 420 ff.; Searle, Expression and Meaning, S. 15 f.

260 Vgl. dazu Weinberger, Alternative Handlungstheorie, S. 172: „Der Sollsatz ‚Op' ist gerade dann erfüllt, wenn p Tatsache ist, d. h. wenn der Aussagesatz ‚p' wahr ist."

261 Vgl. dazu einen interessanten Vergleich zwischen Wollen und Wünschen von Kelsen, ders., Allgemeine Theorie der Normen, S. 21.

262 Kelsen, ders., Allgemeine Theorie der Normen, S. 23.

263 Tugendhat, Einführung in die sprachanalytische Philosophie, 511.

Die Normen werden also gewöhnlich als heteronomisch angesehen. Eine Debatte wird angeregt, wenn man fragt, ob einige Intentionssätze als die Normen verstanden werden, die der Sprecher ihm selbst gibt? Bestehen in diesem Sinne die „autonomen Normen“? Diese Debatte kann so umfassend sein, dass auch Kant und Demokratie in die Diskussion mit einbezogen werden müssten, was im Rahmen dieser Arbeit leider nicht möglich ist.[264] In meinen Ausführungen versuche ich nur, einen nicht von v. Wright selbst ausführlich erklärten Vorschlag zu begründen. Nach ihm können die autonomen Normen nur in einem analogischen oder sekundären Sinne bestehen.[265] Die Intentionssätze, die als die autonomen Normen interpretiert werden könnten, haben ein gemeinsames Merkmal: Sie werden von einem „anderen Ich“ – normalerweise ein „ideales Ich“, z. B. ein vernünftigeres Ich, ein diszipliniertes Ich usw. – ausgeführt und an das „reale Ich“ gerichtet.[266] So gesehen, sind die heteronomen Normen primärer als die autonomen Normen, denn die autonomen Normen sind die Simulation der heteronomen Normen.[267] Demzufolge erhalten wir die zweite zusätzliche Bedingung: Die gewollte Erfüllung der Wahrheitsbedingungen von »*p*« ist durch die Handlungen anderen Menschen zu realisieren.

Diese zwei Bedingungen erstellen den Umriss einer Unterklasse der praktischen illokutionären Kraft. Die Normen gehören zu dieser Unterklasse.[268] Nun können wir das unterscheidende Merkmal dieser illokutionären Kraft bzw. die Parallele zum Wahrheitsanspruch bei den Normen, das heißt die gesuchte konkrete Bedeutung von K_x, formulieren. Gehen wir von dem Allgemeinen bis zu dem Besonderen. Jeder praktische illokutionäre Akt erhebt einen Erfüllungsanspruch, der die Erfüllung der Wahrheitsbedingungen von »*p*« will. Jede Norm

264 Vgl. zur Problematik der autonomen Normen Sieckmann, Recht als normatives System, S. 95 ff.

265 v. Wright, Norm and Action, S. 77.

266 Wenn ein fauler Student sagt, „Heute will ich meine Hausaufgabe nicht schreiben!“, würde niemand diesen Intentionssatz als eine autonome Norm betrachten. Aber wenn er sagt, „Heute will ich meine Hausaufgabe schaffen!“, kommt es infrage, ob dieser Intentionssatz als eine „Selbstgesetzgebung“ gilt.

267 Kelsen hat eine ähnliche Meinung: Die Möglichkeit der autonomen Normen setzt die Spaltung von „das ego“ und „das alter ego“ voraus (Allgemeine Theorie der Normen, S. 23 f.).

268 Dies entspricht ungefähr der Meinung von Weinberger: „Der Sollsatz ist ein besonderer Fall eines praktischen Satzes“ (Alternative Handlungstheorie, S. 52). Bei ihm sind praktische Sätze Wert- und Präferenzsätze (Alternative Handlungstheorie, S. 53), die als die Wunschsätze und die Intentionssätze in dieser Arbeit verstanden werden können.

erhebt einen *Vollziehungsanspruch*, der die Erfüllung der Wahrheitsbedingungen von »*p*« durch das Tun oder die Unterlassung des Adressaten will. Die illokutionären Akte mit dem Vollziehungsanspruch nenne ich in Anlehnung an Manfred Riedel die Aufforderungen.[269] Deshalb sind die Normen die Aufforderungen, die den „Aufforderungen" in den vorherigen Diskussionen entsprechen. Dasselbe Symbol kann weiter verwendet werden. Nun können wir K_x durch K_a ersetzen:

K_a»*p*« steht für die Normen bzw. die Aufforderungen.

Wenn eine Aufforderung ausgeführt wird, existiert eine Norm. Wenn die Ausführung einer Aufforderung nur vorgestellt ist, existiert eine hypothetische Norm. Im Folgenden werden „Norm" und „Aufforderung" als Synomyma im Wechsel verwendet.

Die Identität der Normen wird wie die bei den Behauptungen von den Bedeutungsregeln bzw. den Wahrheitsbedingungen ihres »*p*« bestimmt. Wir können bei den Normen die Benennung „Erfüllungsbedingungen" statt „Wahrheitsbedingungen" benutzen.[270] Die Identität der Normgeber könnte auch eine besondere Bedeutung für die Identität der Normen haben. Ob die Identität des Normgebers neben den Erfüllungsbedingungen auch als ein Identitätskriterium gelten sollte, hängt von dem theoretischen Interesse ab, was zu den Geltungsproblemen der Normen führen könnte.

4.4 Rekonstruktion des semantischen Normbegriffs

Im Folgenden werde ich mit den obigen Ergebnissen den semantischen Normbegriff rekonstruieren. Zuerst ist zu prüfen, ob man dadurch die Normen besser fassen könnte. Dann werden einige Frage über die Normen aus Sicht dieser Rekonstruktion beantwortet.

4.4.1 Der semantische Normbegriff als die Aufforderung

Der Aufforderungsbegriff kann alles einschließen, was unter den semantischen Normbegriff fällt. Darüber hinaus löst er das ungeklärte Identifizierungsproblem. Die Identifizierung einer Aufforderung ist zweifellos kontextabhängig wie alle anderen illokutionären Akte, aber erst wenn wir danach fragen, ob ein Ausdruck eine Aufforderung ist, versuchen wir zu verstehen, ob ein Vollziehungsanspruch

---

269 Riedel, Norm und Werturteil, S. 52.

270 Vgl. dazu Weinberger, S. 173, Alternative Handlungstheorie: „Der Inhalt von Sollsätzen als Erfüllungsfunktion definiert ist, sind logisch äquivalente Transformationen im Inhalt zulässig, denn dadurch ändern sich die Erfüllungsbedingungen nicht".

impliziert ist. Der Vollziehungsanspruch zeigt die Regelgeleitetheit, auf welche Weise wir die Normen in der Vielfalt der Kontexte identifizieren. Der Vollziehungsanspruch zeigt auch, wie er mit den Bedeutungsregeln von »*p*« zusammen die Bedeutung der Aufforderungen ausmacht. Infolgedessen kann man die gegenstandstheoretische Ausdrucksweise der Normen vermeiden. Manche Autoren würden die hier genannte Aufforderung als einen pragmatischen Normbegriff betrachten. Weil sich die Semantik/Pragmatik-Unterscheidung als nicht ausschlaggebend erweist, will ich die Bezeichnung des semantischen Normbegriffs beibehalten. In dieser Arbeit ist der Aufforderungsbegriff ein Versuch, den semantischen Normbegriff von Alexy kritisch zu übernehmen.

Der Aufforderungsbegriff steht mit der deontischen Modalität im Einklang. Das deontische logische Symbol „*Op*" für Verboten ist gleichbedeutend mit dem Symbol „K_a»*p*«". Denn lässt sich die deontische Modalität durch *Op* und Negation definieren, ist eine symbolische Transformation nicht schwierig:[271]

»*p*« ist gebot ≡ »¬*p*« ist verbot ≡ K_a»*p*« ≡ $Op \equiv F\neg p$
»*p*« ist verbot ≡ »¬*p*« ist gebot ≡ K_a»¬*p*« ≡ $O\neg p \equiv Fp$
»*p*« ist erlaubt ≡ »*p*« ist nicht verbot ≡ ¬K_a»¬*p*« ≡ $\neg O\neg p \equiv Pp$
»¬*p*« ist erlaubt ≡ »¬*p*« ist nicht verbot ≡ ¬K_a»*p*« ≡ $\neg Op \equiv P\neg p$

Die Vereinbarkeit mit der Aussage- und Normenlogik ist nicht der einzige Vorteil des Symbolismus von K»*p*«. Die Herausforderung in der folgenden Diskussion besteht darin, nach einer Begrifflichkeit zu suchen, mit der man drei Arten von Widerspruch (aussagelogisch, deontisch und performativ) erklären kann. Weil K»*p*« auf einer Metaebene von *p* und *Op* liegt, ist ein solcher Symbolismus ein nützliches Hilfsmittel.

4.4.2 Die Aufforderung als eine Institution: zur Analogie zwischen Richtigkeit und Wahrheit

Wie die Behauptungen sollten die Aufforderungen auch als ein Sprachspiel bzw. eine Institution verstanden werden. Die Frage ist, ob es bei den Aufforderungen parallel zu den Behauptungen auch die Antworten gibt und wie diese Institution vorgeht. Die Analogie zwischen der moralischen Richtigkeit der Normen und der Wahrheit der Behauptungen ist die Kernidee der Diskursethik. Diese Analogie

---

271 Hier wird nur gezeigt, dass der Symbolismus von K_a»*p*« die ursprüngliche Idee von Alexy abdecken kann. Aber diese Arbeit vertritt die Meinung, dass das Erlaubnis nicht durch das Nichtbestehen von Verboten zu definieren ist. Siehe dazu unten, „5.2. Der normenlogische Widerspruch".

beruht darauf, dass sowohl die Wahrheit als auch die Richtigkeit mit ihrer Begründbarkeit oder diskursiven Einlösbarkeit verbunden sind.[272] Deshalb lautet eine diskursethische Erklärung für diese Parallele wie folgt: Bei der Aufforderung ist ihr Richtigkeitsanspruch zu bejahen, zu verneinen und zu verifizieren. Die Verifikation der Richtigkeit einer Norm ist der praktische Diskurs.

Das ist aber problematisch. Erinnern wir uns daran, dass der Wahrheitsanspruch und seine Bejahung, Verneinung und Verifikation für die Institution der Behauptung konstitutiv ist. Eine Äußerung ohne den Wahrheitsanspruch ist keine Behauptung. Eine Behauptung ohne die formale Möglichkeit, bejaht oder verneint zu werden, ist entweder eine nicht ausreichend explizierte oder eine aussagelogisch widersprüchliche Behauptung, die man nicht verstehen und deren Wahrheit nicht verifizieren kann. Demgegenüber sind der Richtigkeitsanspruch und seine Bejahung, Verneinung und Verifikation für die Institution der Aufforderung nicht konstitutiv. Wir können eine Aufforderung verstehen, ohne ihre Richtigkeitsfrage zu bedenken.[273] Eine Äußerung ohne den Richtigkeitsanspruch kann man immer noch als eine Aufforderung identifizieren, sofern sie den Vollziehungsanspruch hat. Nicht nur der Richtigkeitsanspruch, sondern alle anderen Geltungsansprüche sind für die Aufforderung nicht konstitutiv. Die ursprüngliche Idee des semantischen Normbegriffs impliziert bereits dieses Ergebnis. Die moralische Richtigkeit ist nur eine der möglichen Geltungskategorien der Normen. Wenn eine Aufforderung – stillschweigend oder ausdrücklich – besagt, dass sie irgendwelche Geltung hat, wird ein Geltungsanspruch dazu erhoben. Aber weil für die Identifizierung und das Verstehen der Aufforderungen ihre Geltung nicht notwendig ist, sind die Richtigkeit und der Richtigkeitsanspruch sowie alle anderen Geltungsfragen für

272 Eine Darstellung dieser Idee von Habermas: „Einerseits stellt sich die Richtigkeit moralischer Urteile auf demselben Weg heraus wie die Wahrheit deskriptiver Aussagen – durch Argumentation. Auf Wahrheitsbedingungen haben wir ebenso wenig einen direkten, durch Gründe ungefilterten Zugriff wie auf die Bedingungen, unter denen moralische Normen allgemeine Anerkennung verdienen. In beiden Fällen kann sich also die Gültigkeit von Aussagen nur im diskursiven Durchgang durch das Medium verfügbarer Gründe *erweisen*" (Richtigkeit versus Wahrheit, S. 312). Vgl. dazu Habermas, Wahrheitstheorien, S. 139, ders., Begründungsprogramm, S. 66 f., 70 ff.; Alexy, Theorie der juristischen Argumentation, S. 141 ff. 165; ders. Probleme der Diskurstheorie, S. 119. Vgl. zur Variante des Richtigkeitsbegriffs von Alexy Sieckmann, Recht als normatives System, S. 216; ders., Human Rights and the Claim to Correctness, S. 195 ff.

273 Es ist also nicht sinnvoll, in Anlehnung am Wittgensteinschen Grundsatz zu sagen, dass wir eine Norm verstehen, wenn wir wissen, wann sie richtig ist. Wenn wir eine Norm nicht vorerst verstanden haben, kann ihre Richtigkeit nicht infrage kommen.

den Aufforderungsbegriff auch nicht notwendig. Genau in diesem Sinne sagen wir, dass die Existenz der Normen von ihrer Geltung unabhängig ist.

Das bedeutet aber nicht, dass eine „echte Parallele“ überhaupt nicht besteht. Die Stichworte bei der Behauptung sind wahr und falsch, bei der Aufforderung erfüllt und nicht erfüllt. Eine Äußerung ohne den Vollziehungsanspruch ist keine Aufforderung. Eine Aufforderung ohne die formale Möglichkeit, erfüllt oder nicht erfüllt zu werden, ist entweder eine nicht ausreichend explizierte oder eine normenlogisch widersprüchliche Aufforderung, die man nicht verstehen und deren Erfüllung nicht verifizieren kann. Hierdurch findet man die Parallele, durch die man auch sehen kann, wie die Institution der Aufforderung vorgeht: Die Normadressaten stehen vor der Alternative, die Normen zu erfüllen oder nicht zu erfüllen. Dabei wird nicht der Richtigkeitsanspruch, sondern der Vollziehungsanspruch bejaht, verneint und verifiziert. Die Verifikation des Vollziehungsanspruchs ist zu bestätigen, ob eine Aufforderung erfüllt ist. Ihre Beschaffenheit weicht erstaunlicherweise nicht weit von der bei der Behauptung ab, weil die Verifikationsregeln der beiden die Bedeutungsregeln von »*p*« sind. Die Bejahung und die Verneinung des Vollziehungsanspruchs kann man „Annahme“ und „Ablehnung“ nennen. Die beiden sind Intentionssätze: „Ich werde diese Aufforderung erfüllen“ oder „Ich werde diese Aufforderung nicht erfüllen“. Die Bejahung und die Verneinung des Wahrheitsanspruchs sind immer noch Behauptungen, während die Annahme und die Ablehnung des Vollziehungsanspruchs die praktischen illokutionären Akte aber nicht die Aufforderungen sind. Für die Institution der Aufforderung sind also der Vollziehungsanspruch und seine Annahme, Ablehnung und Verifikation konstitutiv.

Die These lautet weder, dass man den Richtigkeitsanspruch nicht erheben kann,[274] noch, dass die Richtigkeit der Aufforderungen nicht objektiv erkennbar ist, sondern nur, dass die Wahrheit und die Richtigkeit eine große strukturelle Differenz haben und deshalb eine Analogie zwischen ihnen zu vermeiden ist. Das unterscheidende Merkmal der Normen ist nicht der Richtigkeitsanspruch, sondern der Vollziehungsanspruch. Wenn man bei den Aufforderungen Analogien zu der Wahrheit und dem Wahrheitsanspruch finden will, sollten sie die Erfüllung und der Vollziehungsanspruch der Aufforderungen sein. Während die Verifikation des Wahrheitsanspruchs und die des Vollziehungsanspruchs auf demselben Aspekt liegen, weil die beiden die Bedeutungsregeln von »*p*« als die

274 Nach Sieckman kann man „im Rahmen autonomer Normbegründung“ den Richtigkeitsanspruch „vernünftigerweise nicht erheben kann“ (Recht als normatives System, S. 217.).

Verifikationsregeln haben, geht die Verifikation des Richtigkeitsanspruchs schon weit über diesen Aspekt hinaus. Bezüglich der Idee der Analogie zwischen der Wahrheit und der Richtigkeit gibt es eine Auseinandersetzung zwischen Sieckmann und Alexy. Ihr Streitpunkt liegt darin, ob die Wahrheit wie die Richtigkeit ein prozeduraler Begriff ist, sodass die Wahrheitsfrage einer Behauptung nicht nur eine Antwort haben darf.[275] Das Kernproblem ist aber vielleicht nicht, ob die Wahrheit ein prozeduraler Begriff ist – obwohl der institutionelle Ansatz mit dem prozeduralen Begriff der Wahrheit in Einklang stehen könnte – sondern, dass die Verifikationsregeln der Wahrheit ganz anders als die der Richtigkeit sind. Dies kann man bestimmen, auch wenn der Richtigkeitsbegriff noch relativ offen ist.

Zusammengefasst gibt es keine begriffliche Notwendigkeit zwischen den Normen und dem Richtigkeitsanspruch wie die zwischen den Behauptungen und dem Wahrheitsanspruch. Die Ausführung eine Aufforderung kann, aber muss nicht, einen Richtigkeitsanspruch erheben.[276] Die Wahrheitsfragen und die Richtigkeitsfragen sollten getrennt behandelt werden.

4.4.3 Wollen und Sollen

Es ist erkennbar, dass die Normen bei meinem Vorschlag durch das Wollen erklärt werden sollen. Tatsächlich vertritt diese Arbeit eine ähnliche Meinung wie die von Kelsen in „Allgemeine Theorie der Normen", nämlich dass das Sollen das auf das Verhalten der anderen gerichtete Wollen ist,[277] nur wird das Sollen in dieser Arbeit völlig von allen Geltungsfragen getrennt. In diesem Sinne kann man sagen, dass Sollen ein besonderes Wollen ist. Man würde sich die Frage stellen, ob diese Erklärungsweise Sollen mit Wollen verwechselt. Diese Bedenken haben zwei Hintergründe.

Der erste ist wiederum das Geltungsproblem der Normen. Wenn man Befehle von Bankräubern als Beispiele für das auf das Verhalten der anderen gerichtete

---

275 Vgl. zum prozeduralen Richtigkeitsbegriff von Alexy, Die Idee einer prozeduralen Theorie der juristischen Argumentation, 95–98; ders., Nachwort, S. 413 f.; zur Sieckmanns Kritik an der Analogie zwischen Wahrheit und Richtigkeit, Human Rights and the Claim to Correctness, S. 196 f; ders., Recht als normatives System, S. 216 f.; zur Alexy Erwiderung, Thirteen Replies, S. 347 f.

276 Gegen diese These wurde der Einwand erhoben, dass eine Aufforderung ohne einen Richtigkeitsanspruch einen „performativen Widerspruch" begeht. Dieser Einwand gilt aber nicht. Siehe dazu unten, „5.3.4. Über den Richtigkeitsanspruch".

277 Kelsen, Allgemeine Theorie der Normen, S. 24 f. Dieser Denkansatz befindet sich schon in seinem früheren Werk. Vgl. dazu Reine Rechtslehre 2. Aufl., S. 4–7.

Wollen nimmt, scheint ein solches Wollen als Sollen abwegig. Aber wenn andere Beispiele gewählt werden, wie z. B. Befehle von Offizieren, besteht die Abwegigkeit nicht mehr. Diese zwei Beispiele unterscheiden sich nur in der Geltung der Befehle.[278] Deshalb ist die Schlüsselfrage nicht, ob Wollen und Sollen verwechselt werden, sondern, ob wir einen geltungsneutralen Normbegriff brauchen. Die Wichtigkeit eines solchen Begriffs muss nicht wiederholt werden. Weiterhin ist nicht daran zu denken, den Norm- und Sollensbegriff ohne den Wollensbegriff sinnvoll zu explizieren. Das zeigt sich in der Struktur, dass die Aufforderungen eine Unterklasse der praktischen illokutionären Akte sind. Erst wenn die Bedeutung von Wollen aus Sollen entfernt wird, wird Sollen zu einem Leerbegriff.

Der zweite ist die ontologische Erklärung des Sein-Sollen-Problems. Demzufolge gehört Wollen zu Sein, aber Sein und Sollen bestehen in zwei verschiedenen „Welten". Diese Erklärungsweise ist jedoch nicht unwiderlegbar.

4.4.4 Sein und Sollen

Das Ausmaß des Sein-Sollen-Problems ist sogar größer als das der autonomen Normen. Die Diskussion hier konzentriert sich auf die Anwendung der vorherigen Ergebnisse. Der Grund ist einfach: Um das Sein-Sollen-Problem zu beleuchten, muss man nicht nur das Sollen, sondern auch das Sein erklären. Was das Sein heißt, ist nicht außersprachlich zu betrachten.[279] Demnach lautet die naheliegende

---

278 Vg. dazu Kelsen, Reine Rechtslehre 2. Aufl., S. 7: „Doch muß der subjektive von dem objektiven Sinne unterschieden werden. „Sollen" ist der subjektive Sinn jedes Willensaktes eines Menschen, der intentional auf das Verhalten eines anderen gerichtet ist. Aber nicht jeder solche Akt hat auch objektiv diesen Sinn. Nur wenn er auch objektiv den Sinn des Sollens hat, bezeichnet man das Sollen als „Norm". Darin, daß „Sollen" auch der objektive Sinn des Aktes ist, kommt zum Ausdruck, daß das Verhalten, auf das der Akt intentional gerichtet ist, nicht nur vom Standpunkt des den Akt setzenden Individuums, sondern auch vom Standpunkt eines unbeteiligten Dritten als gesollt angesehen wird; und das auch dann, wenn das Wollen auch nach Aufhören des Wollens „gilt", ja wenn es gilt, selbst wenn das Individuum, dessen Verhalten dem subjektiven Sinne des Willensaktes nach gesollt ist, von diesem Akt und seinem Sinn gar nichts weiß, wenn dieses Individuum als verpflichtet oder berechtigt angesehen wird, sich sollensgemäß zu verhalten. Dann ist das Sollen, als „objektives" Sollen, eine „geltende", den Adressaten bindende „Norm"."

279 Vgl. dazu Tugendhat, Einführung in die sprachanalytische Philosophie S. 40: „Und wenn wir sogar das, was mit dem philosophischen Gegenstandsbegriff gemeint ist, nur im Rekurs auf die singulären Termini, das Wort »etwas« und andere Pronomina angeben konnten, so liegt es jetzt nahe, auf die Frage, wie man so etwas wie die Gegenständlichkeit der Gegenständen (oder *das Seinde als Seiendes*) thematisieren

Antwort wie folgt: Die Tatsachen sind das Sein. Das ist kaum zu leugnen. Problematisch ist, wie schon gesehen, dass der Begriff der Tatsache auf verschiedene Weise verkannt werden könnte. Dies hat schwerwiegende Folge auch bei dem Sein-Sollen-Problem. Ein Beispiel ist das folgende Zitat von Thomas Zoglauer:

> „Die Existenzweise von Normen ist von der Existenz natürlicher Tatsachen verschieden: Natürliche Tatsache existieren in der realen Welt, sich sind sichtbar und materieller Natur. Normen dagegen haben nur ideellen Charakter: sie sind nicht objektiv gegeben wie Steine oder Bäume und können auch nicht sinnlich erkannt werden wie natürliche Tatsachen."[280]

Die Tatsachen sind wahrer »*p*« – oder wahre *p* –.[281] Wahrer »*p*« sind keine Steine oder Bäume. Steine oder Bäume sind Begriffe bzw. die generellen Termini, die nur Bestandteile von »*p*« sind. Was ist dann mit einem bestimmten Stein oder bestimmten Bäumen, wie z. B. „dieser Stein" oder „die Bäume in Omas Garten"? Sie sind die singulären Termini, die auch nur Bestandteile von »*p*« sind. Denkt man daran, wie die generellen und singulären Termini funktionieren, wie sich die Verwendungsregeln und die Identifizierungsregeln in einem Wissenssystem etablieren, wird niemand die generellen und singulären Termini für materielle Natur halten. Wenn »*p*« aus den beiden besteht, kann »*p*« natürlich auch nicht zur materiellen Natur gehören. Das ist der Grund, warum »*p*« von manchen Philosophen als Pseudomaterial oder abstrakte Gegenstände bezeichnet wird. Bisher erwähnte ich noch nicht die Institution der Behauptung, in der die Bedeutung wahres »*p*« besteht. Erst wenn diese Institution zur Sprache kommt, können sich Tatsachen nur noch weiter von der materiellen Natur entfernen.

Was zur materiellen Natur gehört, sind die konkreten Gegenstände an sich und nicht der Sprachgebrauch, mit dem wir Gegenstände identifizieren und charakterisieren.[282] Es scheint, dass Zoglauer und Searle denselben Fehler begangen haben. Searle hat Tatsachen fälschlicherweise auf die konkreten Gegenstände an sich reduziert. Deshalb kommt er zu einem falschen Schluss: Die Tatsache, dass es eine bestimmte Entfernung zwischen der Sonne und der Erde gibt, existiert unabhängig von allen menschlichen Institutionen inklusive Sprache.[283] Das ist offensichtlich falsch, weil wir ohne Sprache diese zwei Gegenstände (Sonne

---

kann, zu antworten: nur in der Reflexion auf die Verwendung der entsprechenden sprachlichen Ausdrücke." (Hervorgehoben von Cheng)

280 Zoglauer, Normenkonflikte, S. 32.

281 Siehe oben, Fn. 68.

282 Siehe dazu oben, S. 79 f.

283 Searle, The Construction of Social Reality, S. 27.

und Erde) überhaupt nicht identifizieren und mit dem zweistelligen generellen Terminus „Entfernung“ bezeichnen könnten. Der Unterschied zwischen den sogenannten natürlichen und den institutionellen Tatsachen ist also auch fragwürdig. Laut Searle existieren die natürlichen Tatsachen unabhängig von allen menschlichen Institutionen, aber die institutionellen Tatsachen nicht. Eine Institution besteht aus ihren konstitutiven Regeln, deshalb ist Sprache, wie Searle richtig gezeigt hat, auch eine Institution.[284] Da alle Tatsachen sprachabhängig sind, lassen sich die natürlichen und die institutionellen Tatsachen nach Searles Definition nicht unterscheiden: Alle Tatsachen sind in Wirklichkeit die „institutionellen Tatsachen“, weil alle Tatsachen ohne Sprache nicht existieren können.

Deswegen besteht die Kluft zwischen Sein und Sollen nicht zwischen Natur und ihrem „Gegenteil“, wenn Sein und Sollen Tatsachen und die Normen bedeuten. Dementsprechend kann der Versuch, diese Kluft durch verschiedene „Welten“ zu erklären, nichts aussagen. Wir haben gesehen, dass es nicht sinnvoll ist, eine dritte Welt für »*p*« oder wahren »*p*« anzuerkennen. Für die Erklärung des Sein-Sollen-Problems ist es sogar noch nutzloser, da sowohl die Normen als auch die Tatsachen zur „dritten Welt“ gehören. Die beiden sind „Produkte des menschlichen Denkens“.[285]

Die sinnliche Erkennbarkeit ist auch kein geltendes Unterscheidungskriterium, denn was damit gemeint ist, ist unklar. Die Normen und Tatsachen sind ebenso „nicht sinnlich“, sofern die beiden regelgeleitete Sprachspiele und über Raum und Zeit intersubjektiv verstehbar sind. Sie sind ebenso „sinnlich“, sofern die beiden durch Wahrnehmungen verifizierbar sind: wahr oder falsch, erfüllt oder nicht erfüllt. Stattdessen würde man ein anderes Kriterium vorschlagen: Tatsachen sind *über* die konkreten Gegenstände, aber die Normen nicht. Das ist nicht richtig, weil die Normen »*p*« haben müssen und deshalb auch über die konkreten Gegenstände sind. Tatsachen und die Normen nehmen beide Bezug auf die konkreten Gegenstände, wenn auch auf verschiedene Weise.

Was ist dann der Unterschied zwischen Tatsachen und den Normen? Prima facie darf man nur sagen, dass sie verschiedene Bedeutungen haben. Daher will ich eine Kelsensche Terminologie verwenden und sagen: Sein und Sollen sind verschiedene „Deutungsschemen“,[286] wenn sie als Tatsachen und die Normen angesehen werden. Was heißt verschiedene Deutungsschemen? Die Antwort ist bereits in unserer Analyse über die Behauptungen und die Aufforderungen enthalten: Es

---

284 Searle, The Construction of Social Reality, S. 27 f.

285 Vgl. zu einer anderen Kritik an der Erklärungsstrategie durch die Welten Weinberger, Alternative Handlungstheorie, S. 55.

286 Kelsen, Reine Rechtslehre 1. Aufl., S. 18 f.; ders, Reine Rechtslehre 2. Aufl, S. 3 f.

sind zwei verschiedene illokutionäre Kräfte bzw. zwei Modi. Die Definitionen des Wahrheits- und des Vollziehungsanspruchs stellen eine konkrete Formulierung des Unterschieds zwischen diesen zwei Deutungsschemen dar. Ob irgendwelche Grundsätze aus dem Unterschied zwischen diesen zwei Bedeutungsschemata abgeleitet werden können, bleibt in dieser Arbeit offen. Es wird nicht behauptet, dass ein Schluss von Sein auf Sollen oder umgekehrt möglich oder unmöglich ist – in der Tat muss diese Fragestellung noch präzisiert werden –, sondern nur, dass das Sein-Sollen-Problem nicht ontologisch zu erklären ist.

4.4.5 Normsetzungen und Normbehauptungen

Die Normen haben präskriptive und deskriptive Dimensionen, die von verschiedenen Autoren unterschiedlich benannt werden.[287] In unserem Zusammenhang können diese zwei Dimensionen als die Ausführung einer Aufforderungen – oder einfach die Aufforderung – und die Behauptung über die Ausführung einer Aufforderung – oder einfach die Behauptung über die Aufforderung – verstanden werden. Die Illustration dieser zwei Dimensionen ist für die Problematik der Normen von großer Bedeutung, weil Unklarheiten aus diesen zwei Dimensionen entstehen könnten, besonders wenn sie sich miteinander „überlappen". Als eine Rekonstruktion des semantischen Normbegriffs von Alexy fängt die Diskussion mit zwei Alexyschen Terminologien über diese zwei Dimensionen, nämlich die Normsetzungen und die Normbehauptungen, an.

4.4.5.1 Normsetzungen als Normen

Die Normsetzungen und -behauptungen werden von Alexy folgendermaßen definiert:

> „Bislang wurden nur Normen und die ausdrückenden Sätze, die Normsätze, behandelt. Von beiden ist sowohl die Behauptung der Geltung einer Norm als auch die Setzung einer Norm zu unterscheiden. Wer behauptet, daß eine Norm gilt, oder eine Norm setzt, nimmt eine Handlung vor. Solche Handlungen können mit J. L. Austin »Sprechakte« genannt werden. Mit der Betrachtung von Normbehauptungsakten und Normsetzungsakten wird die Ebene der Semantik verlassen und die der Pragmatik betreten."[288]

---

287 Zum Beispiel: die Normen und die Aussagen über die Normen bei Kelsen (Allgemeine Theorie der Normen, S. 21); die Norm-Formulierungen und die Norm-Propositionen bei v. Wright (Gibt es eine Logik der Normen, S. 65 f.); Die Normen und die normativen Propositionen bei Alchourrón und Bulygin (The Expressive Conception of Norms, S. 97).

288 Alexy, Theorie der Grundrechte, S. 50 f.

Stellen wir zunächst nur die Normsetzungen in den Fokus. Was ist der Unterschied zwischen den Normen und den Normsetzungen? Laut Alexy sind die Normsetzungen die illokutionären Akte, die die pragmatische Ebene betreten und sich nur kontextabhängig identifizieren lassen,[289] während die Normen semantische Entitäten sind. Auf den ersten Blick unterscheiden sie sich in der Semantik/Pragmatik-Unterscheidung und der Kontextabhängigkeit. Aber Alexy räumt auch ein, dass die Identifizierung der Normen auch pragmatisch und ebenso kontextabhängig ist.[290] Wie sich die Normen und die Normsetzungen im Begriffszusammenhang von Alexy voneinander abgrenzen lassen, ist also unklar.

Die Ursache dieser Unklarheit ist einfach: Die Normen und die Normsetzungen lassen sich nicht unterscheiden. Die beiden sind die Aufforderungen. Die Identifizierung der Normen und die der Normsetzungen sind ein und dieselbe Sache. Der Ansatz, die Normen als die illokutionären Akte zu verstehen, impliziert bereits diesen Schluss. Diese Idee steht der von Kelsen in „Allgemeine Theorie der Normen" nahe, dass die Normen der Sinn der Willensakte sind.[291]

Wie schon gezeigt, sprechen wir, wenn wir von einem illokutionären Akt sprechen, von der Bedeutung dieses illokutionären Akts. Deshalb muss nicht betont werden, dass die Normen „die Bedeutung" der illokutionären Akte sind. Was hat Kelsen mit dem Sinn der Willensakte gemeint? Ist dies mit der Bedeutung der illokutionären Akte in dieser Arbeit gleichbedeutend? Ich bin davon überzeugt, dass ungeachtet der Geltungsprobleme die Willensakte bei Kelsen als die illokutionären Akte interpretiert werden können. Aber der Sinn der Willensakte ist nicht identisch mit der Bedeutung der illokutionären Akte. Dies zeigt sich im folgenden Zitat:

> „Der Befehlsgeber erwartet, daß der Befehladressat den Befehl v e r s t e h t, d. h., daß er den S i n n der Äußerung des Befehlsgebers a l s B e f e h l versteht, das heißt, daß er weiß:
> 1. d a ß er sich in bestimmter Weise verhalten s o l l; und
> 2. w i e er sich verhalten soll, w a s er tun oder unterlassen soll.

---

289 Alexy, Theorie der Grundrechte, S. 51.

290 Alexy, Theorie der Grundrechte, S. 44 f.

291 Kelsen, Allgemeine Theorie der Normen, S. 2; 24–26. Diese Auffassung ist in seinem früheren Werk schon zu finden. Vgl. dazu Kelsen, Reine Rechtslehre 2. Aufl, S. 7: „Der Gesetzgebungsprozeß ist eine Reihe von Akten, die in ihrer Gesamtheit den Sinn von Normen haben. Wenn man sagt, daß mit einem der oberwähnten Akte oder durch die Akte des Gesetzgebungsprozeßes eine Norm „erzeugt" oder „gesetzt" wird, so ist das nur ein figürlicher Ausdruck dafür, daß der Sinn oder die Bedeutung des Aktes oder der Akte, die den Gesetzgebungsprozeß darstellen, eine Norm ist."

Das eine ist der S i n n, dass andere der I n h a l t des einen Befehl darstellenden Willensaktes."[292]

Bei Kelsen bedeutet der Sinn eines Willensakts die illokutionäre Kraft bzw. K_a,[293] und der Inhalt eines Willensakts den propositionalen Gehalt bzw. »*p*«. Aber die Bedeutung eines illokutionären Akts bedeutet in dieser Arbeit die Kombination der beiden, das heißt K_a»*p*«. Trotzdem kann man bei Kelsen etwas Ähnliches wie den Bedeutungsbegriff in dieser Arbeit finden, nämlich der Begriff von „Verstehen".[294]

Die Gleichsetzung der Normen mit den Normsetzungen, das heißt, die Normen als die illokutionären Akte zu verstehen, wird von Weinberger mit kritischen Meinungen konfrontiert, die hier erwidert werden sollten. Die nicht durchgehende Existenz der Normen ist das größte Problem dieser Auffassung. Wir haben aber gesehen, dass sich dieses Problem aus einer falschen Interpretation des illokutionären Akts ergibt und in der Tat überhaupt nicht besteht. Ein anderes Problem liegt darin, dass der Inhalt und die Konsequenzen der Normen bei dieser Auffassung ungeklärt bleiben.[295] Dieses Problem ist auch eine Folge der falschen Interpretation des illokutionären Akts bei Alchourrón und Bulygin, die die Bedeutung der illokutionären Akte verfallen lässt. Die Kritik von Weinberger gilt aber nicht für die Analyse von K_a»*p*« in dieser Arbeit. Vielmehr kann man, wie oben gezeigt, erkennen, dass die Suche nach einem Normbegriff durch die Klassifikation der illokutionären Kräfte mit einigen Ideen von Weinberger vereinbart werden kann.[296] Außerdem gibt es noch zwei weitere Probleme:

1) Kann man sich eine Norm ohne einen illokutionären Akt vorstellen? Diese Frage besteht immer noch hinsichtlich der Interpretation der illokutionären Akte. Nach Weinberger „kann das Sinngebilde der Norm ohne existenten Willensakt zum Gegenstand der Betrachtung gemacht werden (…)"[297].

292 Kelsen, Allgemeine Theorie der Normen, S. 25 f.

293 Vgl. zur gleichen Meinung Bulygin, Norms and Logic, S. 149.

294 Abgesehen von der zweifelhaften gegenstandtheoretischen Bedeutungstheorie von Kelsen, bei der der Beitrag der Wahrheitssemantik nicht in seinem Blickwinkel rückt (vgl. dazu Kelsen, Allgemeine Theorie der Normen, S. 26 f.), haben Kelsens Meinung und diese Arbeit eine gemeinsame Ansicht, dass die Bedeutung eines Ausdrucks mit seinem Verstehen zu verknüpfen ist (vgl. dazu Kelsen, Allgemeine Theorie der Normen, S. 27 f.).

295 Weinberger, The Expressive Conception of Norms, S. 171.

296 Siehe oben, Fn. 260, 268, 270.

297 Weiberger, Normentheorie als Grundlage der Jurisprudenz und Ethik, S. 117.

Weinberger hat Recht, wenn die Willensakte als physikalische oder psychische Akte interpretiert werden.[298] Das heißt natürlich nicht, dass die Normen der menschlichen biologischen Basis vorausgehen, sondern nur, dass wir eine Norm ausdenken können, ohne uns die sie ausführenden konkreten physikalischen oder psychischen Akte auch ausdenken zu müssen.

Aber wenn die Willensakte als die illokutionären Akte bzw. die Bedeutung von Spielhandlungen verstanden werden, ist der Ausfall der Willensakte unmöglich. Wenn wir uns ein „Schach!" vorstellen, müssen wir zwar nicht von einem bestimmten Spieler, über seine körperlichen Bewegungen und seinen psychischen Zustand fantasieren, aber wir müssen zumindest „jemanden" – eine unbestimmte Person oder sogar eine Personifikation– voraussetzen, der einen Zug gemacht hat, was als „Schach!" gilt. Wenn wir uns eine Norm vorstellen, müssen wir auch voraussetzen, dass jemand einen Zug beim Sprachspiel gemacht hat, das heißt, dass ein Vollziehungsanspruch zu »*p*« erhoben wurde. „Keine Norm ohne einen normsetzenden Willensakt" wird in diesem Sinne verstanden.[299]

2) Zugegebenermaßen kann man nicht plausibel behaupten, dass Gewohnheitsregeln durch die Willensakte erzeugt werden.[300] Das ist aber kein gravierendes Problem, weil Gewohnheitsregeln einen Grenzfall darstellen, der an der Grenze zwischen den Normen und den konstitutiven Regeln liegt.[301]

4.4.5.2 Normbehauptungen als Behauptungen

Bei Alexy werden zwei Elemente im Begriff der Normbehauptung zusammengesetzt. Das eine ist die Behauptung, dass es eine Norm gibt. Das andere ist der Geltungsanspruch, dass diese Norm irgendwelche Geltung hat.[302] Aber eine Norm kann unabhängig von ihrer Geltung existieren. Wir können von einer Norm berichten, ohne von ihrer Geltung zu sprechen. Um einen solchen Sprachgebrauch zu behandeln, sollten die zwei Elemente getrennt werden. Die Behauptung, dass es eine Norm gibt, nämlich die eingangs erwähnte Behauptung über

---

298 Weiberger, Normentheorie als Grundlage der Jurisprudenz und Ethik, S. 116.

299 Kelsen, Allgemeine Theorie der Normen, S. 3.

300 Weinberger, Alternative Handlungstheorie, S. 61.

301 v. Wright, Norm and Action, S. 8 f.

302 Alexy, Theorie der Grundrechte, S. 51. Die Normbehauptungen bei Alexy sind mit den normativen Aussagen bei Sieckmann gleichbedeutend. Vgl. dazu Sieckmann, Semantischer Normbegriff und Normbegründung, S. 233 f.; ders., Recht als normatives System, S. 25.

eine Aufforderung, wird in dieser Arbeit als Normbehauptung bezeichnet. Die Normbehauptungen besagen, dass eine Äußerung unter den Begriff der Aufforderung fällt, und ihre Wahrheit ist normalerweise nicht schwierig zu bestimmen. Die Geltungsansprüche sind im Grunde auch Behauptungen, die besagen, dass eine Aufforderung unter den Begriff einer bestimmten Geltungskategorie fällt.[303] Wenn die zugesprochenen Geltungskategorien relativ klare Geltungskriterien haben, wie z. B. dass eine Norm ein „gültiges Gesetz in Deutschland" ist, ist die Wahrheit eines Geltungsanspruchs auch nicht schwierig zu bestimmen. Probleme entstehen, wenn sich ein Geltungsanspruch auf umstrittene Geltungskategorien, z. B. moralische Richtigkeit oder politische Legitimität usw., bezieht, weil die Bedeutungen solcher Begriffe die vorstehenden Fragen sind.

4.4.5.3 Überlappungen

Nun haben wir drei Arten von Äußerungen über die Normen. Angenommen, dass N für die Normen, NB für die Normbehauptungen und GA für die Geltungsansprüche steht, sind folgende Äußerungen möglich: N, NB, N&GA, NB&GA, N&NB, N&NB&GA. Unter allen bedürfen N&NB und N&NB&GA einer ausführlicheren Erklärung.

N&NB hat zwei Typen. Der erste ist die Ausführung einer Aufforderung mit den dominierenden Sätzen, wie z. B. „Ich befehle dir, das Fenster aufzumachen!". Dabei gibt es gleichzeitig eine Aufforderung und eine selbstbezügliche Behauptung vom Sprecher, dass er diese Aufforderung ausgeführt hat. Der zweite ist ein indirekter illokutionärer Akt. Durch die Ausführung eine Behauptung wird eine Aufforderung ausgeführt. Dass ein Vater seinem Sohn erzählt, dass Konfuzius sagt, „Was du nicht willst, das man dir tu, das füg auch keinem anderen zu", ist eine Normbehauptung, kann aber zugleich eine Norm sein. Das ist eine Normbehauptung, weil der Vater behauptet, dass Konfuzius eine solche Aufforderung ausgeführt hat. Das kann auch eine Norm sein, wenn der Vater damit dieselbe Aufforderung an seinem Sohn stellt.

Warum führen wir Aufforderungen gelegentlich durch solche indirekten illokutionären Akte aus? Ein häufiger Grund ist, dass wir zugleich einen Geltungsanspruch erheben und Argumente oder Begründungen dafür angeben wollen.

303 Die bestimmten Institutionen innewohnenden Geltungsansprüche, die z. B. in gerichtlichen Entscheidungen stattfinden, eröffnen viele Probleme auf einem anderen Aspekt. Darauf muss diese Arbeit verzichten.

Zum Beispiel kann es sein, dass im obigen Beispiel der Vater einen Richtigkeitsanspruch für seine Aufforderung erheben will. Und sein Argument dafür ist, dass diese Aufforderung der Weisheit des großen Philosophen entspricht. Ob der Appell an die moralische Autorität ein gutes Argument ist, ist ein anderes Problem. In diesem Fall gibt es nicht nur N&NB, sondern N&NB&GA.

5. Widerspruch

Der performative Widerspruch ist die wichtigste Begründung der Diskursethik, weil dadurch die direkten Konsequenzen der Nichtbefolgung der Vernunftregeln und der einzigartige Charakter der Diskursethik gezeigt werden. Apel, Habermas und Alexy greifen auf diesen Beweis zurück. Nach Apel und Habermas entsteht ein performativer Widerspruch, wenn man die Argumentationspräsuppositionen beim Argumentieren bestritt.[304] Nach Alexy begeht man einen performativen Widerspruch, wenn man „mit dem Vollzug eines Sprechaktes etwas voraussetzt, beansprucht oder impliziert, was dem Inhalt dieses Sprechaktes widerspricht“[305].

Nach diesen Definitionen scheint es, dass sich der performative Widerspruch auf die Bedingungen der Ausführung der illokutionären Akte, das heißt, auf die Identifizierung oder das Verstehen der illokutionären Akte, bezieht. Dies entspricht auch dem Benennungszusammenhang bei der Diskursethik, dass das Performative dem Illokutionären nahesteht.[306] Unter diesem Gesichtspunkt ist der Begriff des performativen Widerspruchs nicht aussichtslos, obwohl dessen präzise Bedeutung noch zu besprechen ist. Aber ein genauer Blick auf die erklärenden Beispiele des performativen Widerspruchs von diesen Autoren – der

---

304 Apel, Das cartesianische Paradigma der Ersten Philosophie, S. 208: „Bei der Suche nach solchen Gewissheiten, die wir für das Verständnis des Sinns des virtuell universalen Zweifels im Rahmen des philosophischen Sprachspiels voraussetzen müssen, können wir nach solchen Präsuppositionen des sinnvollen Argumentierens fragen, die wir nicht bestreiten können, ohne dadurch einen performativen Selbstwiderspruch (des Argumentationsakts) zu produzieren.“; Habermas, Diskursethik, S. 105: „Der Nachweis performativer Widersprüche eignet sich zur Identifizierung von Regeln, ohne die das Argumentationsspiel nicht funktioniert: wenn man überhaupt argumentieren will, gibt es für sie keine Äquivalente.“

305 Alexy, Diskurstheorie und Menschenrechte, S. 135 f. Bei Alexy gibt es im Rechtssystem auch den performativen Widerspruch. Vgl. dazu Alexy, Begriff und Geltung des Rechts, S. 64 ff.; ders., The Institutionalisation of Reason, S. 24–27; ders., Hauptelemente einer Theorie der Doppelnatur des Rechts, S. 152–154. Der performative Widerspruch im Rechtssystem könnte als ein Sonderfall verstanden werden. Dieser Sonderfall geht über den Rahmen einer allgemeine sprachanalytische Theorie hinaus und bezieht sich auf viele andere Probleme im Bereich der Rechtstheorie. Deshalb sollte er nicht mit dem nicht der Rechtsinstitution innewohnenden „normalen“ performativen Widerspruch vermischt behandelt werden. In dieser Arbeit wird nur das Letztere zur Diskussion gestellt.

306 Siehe oben, „2.3. Performativer und propositionaler Bestandteil“.

in Kürze erfolgen wird – stiftet Verwirrung, weil sie nicht einheitlich aussehen. Im Vergleich zu den obigen Definitionen kann man sogar sagen, dass die erklärenden Beispiele eher orientierungslos sind. Dies kann selbstverständlich zu einem solchen Skeptizismus führen, wie die Meinung von Peter Gril verdeutlicht: „Somit kann über jede beliebige Regel ein performativer Selbstwiderspruch konstruiert werden."[307]

Der performative Widerspruch ist kein logischer Widerspruch, sonst wird es überhaupt sinnlos, einen anderen Widerspruchsbegriff zu konstruieren. Aber worin unterscheiden sich der performative und der logische Widerspruch? Die Antwort auf diese Frage wäre sehr sinnvoll für die Erklärung des performativen Widerspruchs, weil dabei ein fremder Begriff durch einen bekannten Begriff erklärt werden könnte. Von den oben genannten Diskursethikern wird jedoch kein ausführlicher Vergleich angestellt. Wenn wir versuchen, diese Frage selbst zu beantworten, würde die Antwort wie folgt lauten: Der performative Widerspruch ist über die illokutionären Akte, aber der logische Widerspruch nicht. Zuvor habe ich eine noch unbegründete These aufgestellt, dass der aussagelogische Widerspruch die Behauptung voraussetzt, das heißt, dass er auch über den illokutionären Akt ist. Erstaunlicherweise kann man ähnliche Ideen bei Apel und Habermas finden.[308] Wenn diese Annahme nachgewiesen ist, zeigt sich ein interessantes Ergebnis: Diese zwei Widerspruchsbegriffe basieren auf denselben Aspekt oder zumindest haben sie eine enge Beziehung.

Ob der performative Widerspruch die Vernunftregeln beweisen kann, entscheidet darüber, ob die Diskursethik die von ihr beanspruchte Besonderheit aufweist. Genau das ist das zentrale Thema dieser Arbeit: Ob die Diskursethik hinsichtlich ihrer sprachanalytischen Grundlage begründbar ist. Zu diesen Fragen haben

---

307 Gril, Die Möglichkeit praktischer Erkenntnis aus Sicht der Diskurstheorie, S. 54.

308 Apel, Das Apriori der Kommunikationsgemeinschaft, S. 401: „So setzt bereits jede Tatsachen-Aussage als eine solche, die logisch zu rechtfertigen ist, in der pragmatischen Tiefenstruktur eine performative Ergänzung voraus."; Habermas, Vorbereitende Bemerkung, S. 107: „Aussagen im Sinne der Logik sind Sätze, die Tatsachen wiedergeben. Mit Aussagen verbinden wir also die doppelte Supposition, daß der Gegenstand, über den eine Aussage gemacht wird, existiert und grundsätzlich identifiziert werden kann, und daß das Prädikat, das dem Gegenstand zugesprochen wird, diesem auch tatsächlich zukommt. Nur Aussagen können als wahr oder falsch behauptet werden. Sie sind daher stets abhängig von assertorischen Äußerungen, nämlich einer Klasse von Sprechakten, bei denen der abhängige Satz im Sinne einer Behauptung, Mitteilung, Feststellung, Erzählung usw. verwendet wird."

wir bereits drei Hinweise: Die relativ einheitliche Definition des performativen Widerspruchs, die Orientierungslosigkeit der erklärenden Beispiele dafür und die ungeklärte Beziehung zwischen dem logischen und dem performativen Widerspruch. Es empfiehlt sich, von der Analyse des logischen Widerspruchs auszugehen, und dann den performativen Widerspruch anhand einer Einordnung seiner Beispiele genauer zu untersuchen. Die Basis dieses Vorgangs sind die Ergebnisse aus der vorherigen Analyse über die Behauptungen und die Normen.

5.1 Der aussagelogische Widerspruch

5.1.1 K_b»$p \wedge \neg p$«

Der aussagelogische Widerspruch wird bei der aussagelogischen Logik folgendermaßen symbolisiert: $p \wedge \neg p$. Dieses Symbol lässt noch nicht genau erkennen, was ein solcher Widerspruch eigentlich bedeuten soll. Wir müssen deshalb zum Sprachgebrauch zurückkommen.

Stellen wir uns vor, dass ein Deutschlehrer zwei Sätze an die Tafel schreibt, um zu vermitteln, an welcher Stelle man „nicht" bei einem korrekten Satzbau platzieren soll:

- Das Haus ist weiß.
- Das Haus ist nicht weiß.

Diese zwei Sätze haben das Äußere eines aussagelogischen Widerspruchs. Aber werden wir glauben, dass der Lehrer mit diesen zwei Sätzen einen aussagelogischen Widerspruch begeht? Sicherlich nicht. Diese zwei Sätze sind keine ernsthaften Äußerungen, keine illokutionären Akte. Erinnern wir uns an die anderen Beispiele der nicht ernsthaften Äußerungen, werden wir herausfinden, dass bei allen nicht ernsthaften Äußerungen der aussagelogische Widerspruch nicht infrage kommen kann wie in diesem Beispiel.[309] Deshalb können wir den ersten Punkt bestimmen, und zwar dass der aussagelogische Widerspruch nur bei den illokutionären Akten entstehen kann. Auch wenn diese zwei Sätze illokutionäre Akte sind, besteht die Möglichkeit des aussagelogischen Widerspruchs nicht, sofern sie nicht beide assertorisch sind.[310] Das ist der zweite Punkt: Der aussagelogische

309 Siehe zu den nicht ernsthaften Äußerungen oben, S. 15 ff.

310 Die grammatische Struktur von „Das Haus ist (nicht) weiß" wird selten in den nicht assertorischen illokutionären Akten verwendet, aber das ist nicht unvorstellbar.

Widerspruch entsteht nur bei den assertorischen illokutionären Akten. Angenommen, dass diese zwei Sätze zwei Behauptungen von zwei Personen sind, gibt es nun einen aussagelogischen Widerspruch? In diesem Fall sagen wir, dass sie verschiedene Meinungen haben oder sich ihre Meinungen widersprechen, aber nicht, dass sie einen aussagelogischen Widerspruch begehen, es sei denn, diese zwei Personen vertreten dasselbe Subjekt. Dass der aussagelogische Widerspruch nur bei den assertorischen illokutionären Akten desselben Sprechers entstehen kann, ist der dritte Punkt. Begeht jemand einen aussagelogischen Widerspruch, wenn er die beiden Sätze behauptet? Das ist nicht unbedingt der Fall, weil der singuläre Terminus „das Haus" zwei verschiedene raumzeitliche Lokalisierungen in zwei Behauptungen sein könnte. Wenn „das Haus" in den beiden Sätzen nicht für genau denselben Gegenstand steht – einschließlich dessen, dass er für einen Gegenstand zu unterschiedlichen Zeitpunkten steht –, kann man sie ohne aussagelogischen Widerspruch behaupten. Ob diese Behauptungen wahr sind, ist eine andere Frage. Dies ist der letzte Punkt.

Alle diese vier Punkte lassen die Erklärung des aussagelogischen Widerspruchs auf den Ablauf der Institution der Behauptung zurückführen: Wenn man den Wahrheitsanspruch auf die beiden erhebt – oder die beiden garantiert –, dass ein Gegenstand a unter den Begriff F fällt, und dass ein Gegenstand a nicht unter den Begriff F fällt, begeht man einen aussagelogischen Widerspruch.[311] Diese Erklärung richtet sich an die singulären prädikativen Sätze, ist aber aufgrund des rekursiven Wahrheitsbezugs auch für alle anderen Satzstrukturen gültig. Im Anschluss an die vorherige Analyse über den Wahrheitsanspruch und die Negation können die möglichen Formulierungen des aussagelogischen Widerspruchs wie folgt aufgezählt werden:

> $p \land \neg p$ ≡ »p« ist wahr, und »$\neg p$« ist wahr ≡ »p« ist wahr, und »p« ist falsch ≡ Es ist der Fall, »p«, und es ist der Fall, »$\neg p$« ≡ Es ist der Fall, »p«, und es ist nicht der Fall, »p« ≡ K_b»$p \land \neg p$«[312]

Von daher kann man auch sagen, dass der aussagelogische Widerspruch entsteht, wenn man dieselbe Behauptung sowohl bejaht als auch verneint. Aber der aussagelogische Widerspruch kann auch ohne wörtliche Negation entstehen, wenn man denselben Gegenstand mit den inkompatiblen generellen Termini

311 Vgl. dazu Patzig, Widerspruch, S. 1694: „Ein elementarer Widerspruch kann darin bestehen, daß einem Gegenstand *a* ein Prädikat *F* sowohl ausgesprochen wie abgesprochen wird (bzw., wenn wir auch negative Prädikate zulassen, dem Gegenstand ein Prädikat *F* und ein Prädikat $\neg F$ zugleich zugesprochen werden)."

312 K_b»$p \land \neg p$« ist identisch mit K_b»p« $\land$ K_b»$\neg p$«.

charakterisiert.[313] Der Begriff des aussagelogischen Widerspruchs erfordert also die Präzisierung der Verwendung der singulären und der generellen Termini bis zu der Bestimmtheit, dass wir eine Behauptung definitiv bejahen oder verneinen können.[314] Die Vernachlässigung dieser Anforderung nach Genauigkeit führt zur Verkennung des aussagelogischen Widerspruchs.[315]

Was ist dann das Fundament des aussagelogischen Widerspruchs? Warum ist ein solcher Widerspruch zu vermeiden? Diese Fragestellungen sind einfacher zu beantworten, wenn sie anders formuliert werden: Was ist die Konsequenz eines aussagelogischen Widerspruchs? So betrachtet ist die Auffassung, den aussagelogischen Widerspruch als ein „Gesetz der Realität oder der Welt" zu verstehen, nicht überzeugend, weil sich ein Gegenstand nicht verändern wird, egal, ob wir ihn gegenteilig charakterisieren. Es scheint aussichtsreich, den Satz von Widerspruch auf Rationalität zu beziehen. Wenn jemand einen aussagelogischen Widerspruch begeht, können seine widersprüchlichen Meinungen und seine Handlungen als irrational bezeichnet werden. Das ist aber nur einseitig. Man kann einen aussagelogischen Widerspruch absichtlich begehen, wie Strawson gezeigt hat, nur um Verwirrung zu erzeugen.[316] Ein solches Unternehmen kann z. B. aus taktischem oder politischem Kalkül und deshalb in hohem Maße rational sein. Deswegen können wir nicht unbedingt, sondern nur mit irgendwelchen Voraussetzungen sagen, dass die Widerspruchsfreiheit und die Rationalität in Zusammenhang stehen. Wie dieser Zusammenhang zu verstehen ist, wird bald beantwortet. Klar ist, dass Rationalität noch nicht die vollständige Antwort ist. Ist der aussagelogische Widerspruch ein „Gesetz von Denken"? Das ist unplausibel, wenn das Denken im psychologischen Sinne verstanden wird. Das ist überlegenswert, wenn das Denken das propositionalisierte Denken bedeutet.[317] Das heißt nicht mehr die Rückkehr zur Institution der Behauptung.

Widersprüchliche Behauptungen sind nicht informativ. Wir können dann sagen, dass der aussagelogische Widerspruch zu vermeiden ist, weil unsere Behauptungen sonst ihren Informationswert verlieren. Diese Antwort ist zwar

313 Die generellen Termini sind inkompatibel, wenn sie in demselben Inkompatibilitätsbereich liegen, wie z. B. die Farben. Vgl. dazu Strawson, Introduction to Logical Theory, S. 5 f.; Tugendhat/Wolf, Logisch-semantische Propädeutik, S. 60 f.

314 Vgl. dazu Tugendhat/Wolf, Logisch-semantische Propädeutik, S. 61 f.

315 Vgl. dazu Patzig, Widerspruch, S. 1698 f.

316 Strawson, Introduction to Logical Theory, S. 3.

317 Vgl. dazu Strombach, Die Gesetze unseres Denkens, S. 3 ff.

naheliegend, geht den Dingen aber noch nicht auf den Grund, weil Informationsgebung oder Mitteilung nur eine der „Funktionen" der Behauptung ist.[318] Der Verlust des Informationswertes ist nur eine der möglichen Folgen, wenn das Sprachspiel der Behauptung danebengegangen ist. Die Behauptung ist der Eröffnungszug des Sprachspiels in dem Sinne, dass der Spieler eine Position einnimmt und deshalb der Gegenspieler die Gegenposition übernehmen kann. Beim Widerspruch nimmt der Spieler zugleich diese zwei Positionen ein, sodass das Sprachspiel nicht eröffnet werden kann, da die Situation besteht, als ob nichts behauptet würde. Die Metapher beim Schachspiel gilt auch in diesem Fall: „Wir würden uns so verhalten, wie wenn wir beim Schachspielen einen Zug machen und ihn sofort wieder zurückziehen würden."[319]

Demzufolge kann man sagen, dass das Fundament des aussagelogischen Widerspruchs die Institution der Behauptung ist. Wenn man einen Widerspruch begeht, kann man den Prozess dieser Institution nicht in Gang setzen. Lediglich diese Konsequenz befindet sich beim aussagelogischen Widerspruch in allen Fällen und bezeichnet das allgemeine Merkmal des aussagelogischen Widerspruchs. Sie könnte je nach dem Kontext unterschiedliche Folgen haben, wie z. B. dass man nichts mitteilen kann, dass man eine Diskussion nicht eröffnen kann oder dass „ungewöhnliche" Emotionen oder Reaktionen beim Adressaten ausgelöst werden usw. Nun können wir folgendes festhalten: Der aussagelogische Widerspruch bedeutet Irrationalität, nur wenn vorausgesetzt wird, dass das Ziel ist, den Prozess der Institution der Behauptung zu aktivieren.

5.1.2 K_b»*p*«$\land\neg K_b$»*p*«

Beim aussagelogischen Widerspruch wird $\neg$ hinter K_b gestellt. Jetzt können wir uns eine interessante Situation vorstellen: Was kann passieren, wenn $\neg$ vor K_b gestellt wird?

Wie schon erwähnt kann $\neg K$»*p*« als die Negation der illokutionären Kraft eines illokutionären Akts verstanden werden.[320] Nun sollte die Bedeutung dieses Symbols verdeutlicht werden. In dieser Arbeit wird $\neg K$»*p*« darauf beschränkt, dass ein Sprecher die illokutionäre Kraft eines von ihm ausgeführten illokutionären Akts verneint. Weil der Wahrheitsanspruch das unterscheidende Merkmal der assertorischen illokutionären Kraft ist, bedeutet $\neg K_b$»*p*« das Zurückziehen des Wahrheitsanspruchs zu »*p*«, das heißt die Rücknahme von K_b»*p*«. Die Rücknahme von

318 Siehe oben, S. 42 ff.
319 Tugendhat/Wolf, Logisch-semantische Propädeutik, S. 59 f.
320 Siehe oben, S. 22.

K_b»*p*« kann im alltäglichen Sprachgebrauch zwei Bedeutungen haben. Im ersten Sinne gibt der Sprecher zu, dass seine ursprüngliche Behauptung K_b»*p*« falsch ist. Das heißt, dass er anerkennt, das Sprachspiel der Behauptung „verloren" zu haben, und K_b»¬*p*« zustimmen zu müssen. In diesem Sinne bedeutet die Rücknahme von K_b»*p*« eine gegenseitige Behauptung K_b»¬*p*«. Im zweiten Sinne will der Sprecher den Eröffnungszug des Sprachspiels – oder die Teilnahme an dem Sprachspiel – widerrufen, ohne eine Position über »*p*« einzunehmen. Dies ist, was mit der Rücknahme von K_b»*p*« bzw. dem Zurückziehen des Wahrheitsanspruchs in dieser Arbeit gemeint wird. Infolgedessen bedeutet K_b»*p*«∧¬K_b»*p*«, dass jemand eine Behauptung ausführt und zugleich diese Behauptung zurücknimmt. Das schlichteste Beispiel für K_b»*p*«∧¬K_b»*p*« ist also ein solcher Satz: „Ich behaupte, »*p*«, und ich behaupte nicht, »*p*«." Hierzu werden weitere Verdeutlichungen benötigt:

1) Der Unterschied zwischen dem aussagelogischen Widerspruch und K_b»*p*«∧¬K_b»*p*« kann man so verstehen: Bei dem Ersten gibt es zwei verschiedene propositionale Gehalte, nämlich »*p*« und »¬*p*«, und dann wird ein Wahrheitsanspruch zu den beiden gleichzeitig erhoben. Bei dem Letzteren gibt es nur einen propositionalen Gehalt, nämlich »*p*«, aber dazu wird gleichzeitig ein Wahrheitsanspruch erhoben und zurückgezogen. Es soll hervorgehoben werden, dass das Zurückziehen eines Wahrheitsanspruchs nicht die Negation einer Behauptung ist. Wie schon bei der Negation einer Behauptung gesehen, wird der Wahrheitsanspruch nicht zurückgezogen. Sowohl „»*p*« ist wahr" als auch „»*p*« ist falsch (≡ »¬*p*« ist wahr)" sind von dem Wahrheitsanspruch begleitet.[321]
2) Im wirklichen Sprachgebrauch findet der aussagelogische Widerspruch meistens nicht in der schlichtesten Form statt. Er könnte sich in einer Reihe Aussagen und Schlüssen verstecken. Ebenso ist K_b»*p*«∧¬K_b»*p*« nicht immer expliziert und hat im Vergleich zum aussagelogischen Widerspruch vielleicht mehr Grenzfälle. K_b»*p*«∧¬K_b»*p*« könnte so geschehen, dass der Sprecher seine Behauptung nicht offenkundig zurücknimmt, sondern die Absicht offenlegt, die dem entgegengesetzt ist, eine Behauptung ausführen zu wollen. Zum Beispiel behauptet jemand etwas und zugleich sagt er, dass es nicht ernsthaft gemeint ist oder dass er das nicht glaubt. Es ist zu beachten, dass wenn er endgültig zugibt, dass er nicht im Ernst etwas behauptet, es kein K_b»*p*«∧¬K_b»*p*«, sondern einfach ¬K_b»*p*« gibt. Das Paradoxon von K_b»*p*«∧¬K_b»*p*« liegt am Zustand, dass der Sprecher die Absicht, das Sprachspiel der Behauptung sowohl zu spielen als auch nicht zu spielen, aufzeigt.

---

321 Siehe oben, S. 21, 38.

3) Die Struktur von K_b»*p*« ∧ ¬K_b»*p*« ist, wie schon gezeigt, anders als die des aussagelogischen Widerspruchs, aber sie stehen in einem interessanten Verhältnis zueinander. Wenn K_b»*p*« ∧ ¬K_b»*p*« in der Form einer selbstbezüglichen Behauptung wie das obige Beispiel (Ich behaupte, »*p*«, und ich behaupte nicht, »*p*«) passiert, begeht der Sprecher zugleich einen aussagelogischen Widerspruch. Wenn man zu berichten versucht, was der Sprecher gemacht hat („Er behauptet, »*p*«, und er behauptet nicht, »*p*«"), ist dieser Bericht auch aussagelogisch widersprüchlich.

Was ist die Konsequenz, wenn K_b»*p*« ∧ ¬K_b»*p*« passiert ist? Die Konsequenz ist einfach, dass wir nicht entscheiden können, ob eine Behauptung ausgeführt ist. Dabei kann der Prozess der Institution der Behauptung nicht in Gang gesetzt werden. Diesbezüglich sind K_b»*p*« ∧ ¬K_b»*p*« und der aussagelogische Widerspruch sehr ähnlich, weil für die beiden die Metapher gilt, dass wir beim Schachspielen einen Zug machen und ihn sofort wieder zurückziehen würden. Wie beim aussagelogischen Widerspruch können wir sagen, dass K_b»*p*« ∧ ¬K_b»*p*« irrational ist, wenn das Vorgehen der Institution der Behauptung das vorausgesetzte Ziel ist.

5.2 Der normenlogische Widerspruch

Die Möglichkeit der normenlogischen Logik ist umstritten. Das Bedenken liegt hauptsächlich darin, wie Widerspruch und Folgerung zwischen den Normen bestehen können, wenn die Normen keinen Wahrheitswert haben.[322] Einige Versuche, eine deontische Logik zu entwerfen, beruhen auf der Erweiterung des Wahrheitsbegriffs auf die Normen.[323] Hier wird ein anderer Versuch aufgrund der bisherigen Ergebnisse unternommen.

Ein wichtiger Charakter des aussagelogischen Widerspruchs ist, dass wir $p \land \neg p$ als widersprüchlich beurteilen können, ohne zu wissen, ob p oder $\neg p$ wahr ist. Das heißt, dass bei genauerem Hinsehen der Kern des aussagelogischen Widerspruchs nicht die Wahrheit der Behauptungen, sondern die problematische Erhebung des Wahrheitsanspruchs ist, die das Sprachspiel nicht eröffnet werden können lässt. Deshalb ist die Kernfrage zur Möglichkeit der deontischen Logik vielleicht nicht, ob und wie die Normen „wahr" sein können, sondern eher, ob es bei den Normen etwas wie den Wahrheitsanspruch gibt, dessen problematische

322 v. Wright, Gibt es eine Logik der Normen?, S. 56.

323 Vgl. zu einer Einführung zu dieser Problematik, Zoglauer, Normenkonflikte, S. 67–97.

Erhebung das zugehörige Sprachspiel der Normen lahmlegt wie der aussagelogische Widerspruch. Die Antwort ist naheliegend, nachdem der Vollziehungsanspruch und das Vorgehen der Institution der Aufforderung in unserer Analyse der Normen expliziert wurden.

Die Erklärung für das Fundament des deontischen Widerspruchs in dieser Arbeit steht der Idee der „rationalen Normsetzungen“ von v. Wright sowie Alchourrón und Bulygin nahe.[324] Jedoch lässt sich die Meinung von Alchourrón und Bulygin, dass der deontische Widerspruch genau genommen nicht „logisch“ ist, nicht gut begründen. Ihr Argument dafür ist, dass K_a»*p*« und K_a»¬*p*« (!*p* und !¬*p* beim Symbolismus von Alchourrón und Bulygin) „koexistieren“ können, aber *p* und ¬*p* nicht.[325] Es scheint, dass sie den aussagelogischen Widerspruch fälschlicherweise als das „Gesetz der Realität“ betrachten und diese problematische Auffassung für das Wesen der Logik halten. In der Tat können K_a»*p*« und K_a»¬*p*« sowie *p* und ¬*p* als illokutionäre Akte natürlich koexistieren, nur bedeutet ihre Koexistenz „Probleme“. Die Frage ist, ob diese Probleme bei den Normen wie bei den Behauptungen unter den Begriff des „logischen“ Widerspruchs gefasst werden können. Im Folgenden wird gezeigt, dass der deontische Widerspruch eine ähnliche Struktur wie der aussagelogische Widerspruch hat und deshalb zur Bezeichnung „logisch“ berechtigt werden sollte.

5.2.1 K_a»*p*∧¬*p*«

Wie der aussagelogische Widerspruch entsteht der deontische Widerspruch nur bei den Aufforderungen desselben Normgebers. Der deonlogische Widerspruch des ersten Typs, dessen Struktur analog zum aussagelogischen Widerspruch *p*∧¬*p* ist, ist nicht *Op*∧¬*Op*, sondern *Op*∧*O*¬*p*. Dies lässt sich durch den Symbolismus von K»*p*« verdeutlichen: *p*∧¬*p* ≡ K_b»*p*∧¬*p*«, *Op*∧*O*¬*p* ≡ K_a»*p*∧¬*p*«, *Op*∧¬*Op* ≡ K_a»*p*«∧¬K_a»*p*«. Bei K_b»*p*∧¬*p*« wird der Wahrheitsanspruch zu gegenseitigen propositionalen Gehalten erhoben, während bei K_a»*p*∧¬*p*« der Vollziehungsanspruch zu gegenseitigen propositionalen Gehalten erhoben wird.

Was ist die Konsequenz von K_a»*p*∧¬*p*«? Man kann hierbei nicht verstehen, wann diese Norm erfüllt ist und wie sie erfüllt werden kann, und die Verifikation der Erfüllung dieser Norm ist auch unmöglich. Damit kann der Normgeber den

324 v. Wright, Gibt es eine Logik der Normen, S. 63 f., 71 f.; Alchourrón/Bulygin, Pragmatic Foundations for a Logic of Norms, S. 463; Bulygin, Norms and Logic, S. 158.

325 Alchourrón/Bulygin, Pragmatic Foundations for a Logic of Norms, S. 463; Bulygin, Norms and Logic, S. 151 f.

Normadressaten nicht vor der Alternative stehen lassen, die Norm anzunehmen oder abzulehnen. Deshalb wird der Prozess der Institution der Aufforderung nicht in Gang gesetzt. K_a»$p \land \neg p$« ist also hinsichtlich des Zwecks der Aktivierung der Institution der Aufforderung irrational. K_a»$p \land \neg p$« ist so „nichtexistierend" wie K_b»$p \land \neg p$«, als ob keine Aufforderung ausgeführt würde. Aber wenn K_a»$p \land \neg p$« mit Sanktionen verbunden ist, bedeutet das eine unvermeidbare Benachteiligung.

5.2.2 K_a»p«$\land \neg K_a$»p«

Während K_b»p«$\land \neg K_b$»p« bei der Aussagelogik nicht symbolisiert wird, ist eine symbolische Korrespondenz von K_a»p«$\land \neg K_a$»p«, nämlich $Op \land \neg Op$, in der deontischen Logik zu finden.

Wie $\neg K_b$»p« ist $\neg K_a$»p« die Rücknahme von K_a»p«. Deshalb bedeutet K_a»p«$\land \neg K_a$»p«, dass der Normgeber eine Aufforderung ausführt und diese Aufforderung zugleich zurücknimmt, das heißt, dass der Vollziehungsanspruch zu »p« gleichzeitig erhoben und zurückgezogen wird. $\neg Op$ bzw. $\neg K_a$»p« als die Rücknahme von K_a»p« steht dem Begriff „rejection" von Alchourrón und Bulygin nahe.[326] Aber $\neg K_a$»p« sollte nicht direkt als Erlaubnis verstanden werden. Es kann sein, dass es eine andere Regel gibt, die besagt, dass alles, was nicht ausdrücklich erlaubt ist, als verboten anzusehen ist. Es kann auch sein, dass eine andere Regel gebietet, Erlaubnis bei dem Normgeber zu beantragen, wenn der Adressat etwas machen will, was nicht ausdrücklich verboten ist.[327] Nur wenn es von dem Normgeber bestimmt ist, dass alles, was nicht ausdrücklich verboten ist, als erlaubt anzusehen, bedeutet $\neg K_a$»p« eine Erlaubnis. Die Bedeutung von Erlaubnis besteht also nicht bloß aus dem Nichtbestehen – einschließlich der Rücknahme – von K_a»p«, sondern auch aus anderen von dem Normgeber gesetzten Regeln.[328] Diese Regeln sind die Ergänzung der Normsetzung und können deshalb auch als die Normen angesehen werden. Erlaubnisse sind deswegen „permissive Normen",[329] die dem in dieser Arbeit vertretenen Normbegriff entsprechen. Die Konsequenz von K_a»p«$\land \neg K_a$»p« ist auch ähnlich wie die von K_b»p«$\land \neg K_b$»p«: Dabei kann der Normadressat nicht identifizieren, ob eine Aufforderung ausgeführt wurde, ob

---

326 Alchourrón/Bulygin, The Expressive Conception of Norms, S. 103 ff.

327 v. Wright, Gibt es eine Logik der Normen, S. 78.

328 Diese Regeln nennt Franz von Kutschera die „konzessionalen Prinzipien" (Einführung in die Logik der Normen, Werte und Entscheidungen, S. 31).

329 v. Wright, Gibt es eine Logik der Normen, S. 67; vgl. dazu Weinberger, Alternative Handlungstheorie, S. 173 f.

K_a»*p*« tatsächlich existiert oder nicht. Deshalb verhindert K_a»*p*« ∧ ¬K_a»*p*« das Vorgehen der Institution der Aufforderung und ist deswegen irrational.

K_a»*p* ∧ ¬*p*« und K_a»*p*« ∧ ¬K_a»*p*« haben unterschiedliche Strukturen aber ähnliche Konsequenzen. Dieses Verhältnis befindet sich auch zwischen K_b»*p* ∧ ¬*p*« und K_b»*p*« ∧ ¬K_b»*p*«. Außer der strukturellen Differenz betont Zoglauer noch einen Unterschied zwischen K_a»*p* ∧ ¬*p*« und K_a»*p*« ∧ ¬K_a»*p*«: K_a»*p* ∧ ¬*p*« sei sowohl unverstehbar als auch unerfüllbar, aber K_a»*p*« ∧ ¬K_a»*p*« sei weder unverstehbar noch unerfüllbar.[330] Es ist aber schwer zu sagen, ob in der alltäglichen Kommunikation K_a»*p*« ∧ ¬K_a»*p*« „verstehbarer" oder „erfüllbarer" als K_a»*p* ∧ ¬*p*« ist. Der von Zoglauer gemeinte Unterschied besteht nur, wenn K_a»*p*« ∧ ¬K_a»*p*« und K_a»*p* ∧ ¬*p*« mit Sanktion verbunden sind: Bei K_a»*p*« ∧ ¬K_a»*p*« kann man die Sanktion noch vermeiden, aber bei K_a»*p* ∧ ¬*p*« nicht. Eine genauere Erklärung ist vielleicht, dass die Verbindung mit Sanktion die strukturelle Differenz zwischen K_a»*p*« ∧ ¬K_a»*p*« und K_a»*p* ∧ ¬*p*« verdeutlicht.

5.3 Der performative Widerspruch

5.3.1 K_b»*p*« ∧ ¬K_b»*p*« oder falsche Behauptungen

Die ursprüngliche Idee des performativen Widerspruchs zeigt folgendes Beispiel von Apel: „Ich denke bzw. behaupte hiermit, daß ich nicht existiere."[331] Diese Äußerung ist auf den ersten Blick verwirrend. Aber bei genauerem Hinsehen muss man sich fragen, ob sie wirklich so spezifisch ist, um eine einzigartige Widerspruchskategorie auszumachen.

Bei den Unterhaltungen von Angesicht zu Angesicht erweist sich diese Äußerung sofort als eine falsche Behauptung wie Eric Hilgendorf schon gezeigt hat.[332] Wir können viele ähnliche Beispiele finden. Wenn z. B. jemand mündlich behauptet, dass er – genau im Zeitpunkt seiner Äußerung – stumm ist, ist diese Behauptung falsch. Es ist natürlich nicht sinnvoll, eine falsche Behauptung als einen besonderen Widerspruch zu bezeichnen. Aber hätte diese Äußerung außer

---

330 Zoglauer, Normenkonflikte, S. 120 f.

331 Apel, Fallibilismus, Konsenstheorie der Wahrheit und Letztbegründung, S. 180; vgl. dazu ders., Das Problem der philosophischen Letztbegründung im Lichte einer transzendentalen Sprachpragmatik, S. 70 f. Laut Apel wurde seine Idee des performativen Widerspruchs durch den Aufsatz „Cogito, Ergo Sum: Inference or Performance?" von Jaakko Hintikka begeistert (Speculative-Hermeneutic Remarks on Hintikka's Performatory Interpretation of Descartes's *Cogito, Ergo Sum*, S. 357 ff.).

332 Hilgendorf, Zur Transzendentalpragmatischen Begründung von Diskursregeln, S. 195.

ihrer Falschheit eine andere Fehlerhaftigkeit? Es mag sein. Wenn ein Sprecher behauptet, dass er bei der Ausführung dieser Behauptung nicht „existiert", würden wir bezweifeln, ob er im Ernst eine Behauptung ausführen will. Deshalb könnte eine solche Äußerung je nach dem Kontext als K_b»*p*«∧¬K_b»*p*« verstanden werden. Nur wenn diese Äußerung als K_b»*p*«∧¬K_b»*p*« gilt, kann man sinnvoll sagen, dass ein Widerspruch entsteht, der nicht traditionell aussagelogisch ist.

5.3.2 K_b»*p*∧¬*p*«

Zwei Beispiele für den performativen Widerspruch sind nicht mehr als der aussagelogische Widerspruch. Das eine Beispiel stammt von Alexy:

> „(1') Ich behaupte, daß es regnet, und ich betone dabei, daß dies falsch ist.
>
> Diese Behauptung schließt einen performativen Widerspruch ein, weil ein Teil dessen, was gesagt wird (»ich betone dabei, daß dies falsch ist«), dem widerspricht, was mit dem Vollzug der Behauptung notwendig vorausgesetzt wird, nämlich dem Anspruch auf Wahrheit oder Richtigkeit."[333]

Es ist zu beachten, dass der Behauptungsbegriff bei Alexy in diesem Zitat drei verschiedene Begriffe in dieser Arbeit einschließen kann: die Behauptung, die Normbehauptung mit Richtigkeitsanspruch und die Norm mit Richtigkeitsanspruch. Weil die Wahrheit und die Richtigkeit getrennt behandelt werden sollten, wird die Behauptung im obigen Zitat zuerst auf die Behauptung im Sinne dieser Arbeit eingeschränkt werden.

Bei (1') begeht man einen typischen aussagelogischen Widerspruch, der anders formuliert werden kann: „Dass es regnet, ist wahr; dass es regnet, ist falsch."[334] Warum nennt Alexy diesen aussagelogischen Widerspruch einen performativen Widerspruch, als ob er zu einer anderen Widerspruchskategorie gehören würde? Dies wird vom ihm nicht ausführlich erklärt. Eine Möglichkeit ist, dass Alexy das Zurückziehen des Wahrheitsanspruchs mit der Negation der Behauptung verwechselt.[335] Was er eigentlich mit dem Widerspruch zum Wahrheitsanspruch meinte, wäre vielleicht K_b»*p*«∧¬K_b»*p*«, was als eine eigene Widerspruchskategorie qualifiziert werden kann. Aber sein Beispiel ist K_b»*p*∧¬*p*«, bei dem der Wahrheitsanspruch nicht zurückgezogen, sondern, wie bei allen aussagelogisch widersprüchlichen Behauptungen, sowohl zu »*p*« als auch zu »¬*p*« erhoben wird.

---

333 Alexy, Diskurstheorie und Menschenrechte, S. 136.

334 Siehe zu unterschiedlichen Formulierungen von K_b»*p*∧¬*p*« oben, S. 189.

335 Siehe oben, S. 122 ff.

Das andere Beispiel ist von Habermas. Nach ihm verstrickt man sich in einen performativen Widerspruch, wenn man die Wahrheit der Behauptung wie unten verteidigt:[336]

„(1)* Ich habe H schließlich durch eine Lüge davon überzeugt, daß p."

Zwar ist (1)* paradox, aber es gibt dabei nichts Neues.[337] In diesem Fall wird H durch inkompatible generelle Termini bezeichnet. In der deutschen Sprache schließt der Begriff von Überzeugung bereits den von Betrug aus. Wenn H gleichzeitig als „überzeugt" und „belogen" bezeichnet wird, entsteht ein aussagelogischer Widerspruch wie ein solcher, dass z. B. derselbe Hut gleichzeitig als rot und weiß bezeichnet wird. Laut Habermas wird das Paradoxon beseitigt, wenn (1)* folgendermaßen korrigiert wird: „(2) Ich habe H schließlich durch eine Lüge überredet, daß p." Das ist der Fall, weil Überredung und Betrug nicht zwei inkompatible Begriffe sind.[338] Dass H gleichzeitig als „überredet" und „belogen" bezeichnet wird, ist genauso widerspruchfrei wie dass ein Hut gleichzeitig als rot und warmfarbig bezeichnet wird.

Man kann noch zahlreiche Beispiele für den aussagelogischen Widerspruch dieser Art und Weise finden, wie z. B. „Ich habe die Kaffeebauern durch fairen Handel ausgebeutet" oder „Sie wurde freiwillig vergewaltigt". Was zeigen uns diese Beispiele? Vielleicht kann man sagen, dass dadurch die Verwendungsregeln irgendwelcher Begriffe in einer Sprache veranschaulicht werden können. Der Begriff vom fairen Handel schließt den von Ausbeutung aus und Vergewaltigung bedeutet, dass das Opfer gezwungen wurde. Man kann aber nicht verstehen, wie ein solcher Widerspruch „pragmatische Voraussetzungen der Argumentation überhaupt" – bei (1)* das Lügenverbot – beweisen kann.[339] In der Tat kann das Lügenverbot nicht sinnvoll als diejenige Voraussetzung, „ohne die das Argumentationsspiel nicht funktioniert",[340] gelten.[341] Lügen können weder einen illokutionären Akt nicht identifizierbar machen wie $K_b »p« \land \neg K_b »p«$ – eine Lüge ist einfach eine $K_b »p«$ –, noch ein Sprachspiel zum Erliegen bringen wie $K_b »p \land \neg p«$. Dass Lügen in diesem Sinne „normale" illokutionäre Akte sind, ist vielleicht der wichtigste Grund, warum man lügt. Es wird nicht behauptet, dass das Lügenverbot

336 Habermas, Begründungsprogramm, S. 100 f.
337 Vgl. dazu Tugendhat, Vorlesungen über Ethik, S. 167.
338 Siehe dazu oben, S. 120 f.
339 Habermas, Begründungsprogramm, S. 100 f.
340 Siehe oben, Fn. 304.
341 Vgl. dazu Tugendhat, Zur Entwicklung von Moralischen Begründungsstrukturen in Modernen Recht, S. 6, Fn. 1.

sinnlos oder unbegründbar ist, sondern nur, dass seine Begründung nicht auf dem Aspekt der Möglichkeitsbedingungen der illokutionären Akte zu finden ist.

5.3.3 Über den Wahrheitsanspruch

Wir haben gesehen, dass Alexys erster Schritt zum Begriff des performativen Widerspruchs trotz des problematischen Erklärungsbeispiels als K_b»*p*«∧¬K_b»*p*« interpretiert werden kann. So einfach ist das bei Alexy aber nicht. Seiner Meinung nach lassen sich eine Reihe der vom Wahrheitsanspruch implizierten Elemente explizieren. Wenn eine Behauptung diesen Elementen widerspricht, ist diese Behauptung „fehlerhaft". Weil diese Fehlerhaftigkeiten auf den Widerspruch zum Wahrheitsanspruch zurückzuführen ist, können sie in Alexys Definitionszusammenhang auch als performativer Widerspruch verstanden werden.[342]

5.3.3.1 Anspruch auf Begründbarkeit

Zuerst zeigt Alexy, dass der Anspruch auf Begründbarkeit mit dem Wahrheitsanspruch verbunden ist:

> „(2) Der Anspruch auf Wahrheit oder Richtigkeit impliziert einen Anspruch auf Begründbarkeit."[343]

Diese Einsicht ist vielleicht der wichtigste Anhaltspunkt der Diskursethik, an dem der institutionelle Ansatz auch teilhat. Wenn der Anspruch auf Begründbarkeit als der Anspruch auf Verifizierbarkeit verstanden wird, impliziert der Wahrheitsanspruch zweifellos den Anspruch auf Begründbarkeit, weil sie identisch sind: Die Wahrheit einer Behauptung bedeutet ihre Verifizierbarkeit; der Wahrheitsanspruch ist die Garantie für die Verifizierbarkeit bzw. die Erfüllung der Wahrheitsbedingungen einer Behauptung. Das Verstehen einer Behauptung ist nicht von ihrer Wahrheitsbedingung und Verifikation zu trennen.[344] In diesem Zusammenhang bedeuten die Gründe für eine Behauptung ihre Wahrheitsbedingungen.

---

342 Vgl. dazu Bäcker, Begründung und Entscheidung, S. 84, Fn. 226.

343 Alexy, Diskurstheorie und Menschenrechte, S. 136.

344 Dies wurde in der vorherigen Diskussionen ausführlich gezeigt (siehe dazu oben, „3.2.2. Das Verstehen von »*p*« und *p*") und auch von Alexy erwähnt: „There may be some justification-transcendent truths such as 'There is intelligent extra-terrestrial life', but even in this case truth and justifiability remain interdependent. If we had no grasp at all of what made the proposition about extra-terrestrial warrantedly assertible, we would have no grasp of the truth of this proposition. The impossibility of grasping it is the truth would somehow be similar to the impossibility of grasping the truth of 'There is a violent eternal comma'" (Thirteen Replies, S. 348).

Aber was ist die Fehlerhaftigkeit, wenn man bei der Ausführung einer Behauptung ihre Verifizierbarkeit verneint? Stellen wir uns eine solche Behauptung vor: „Ich behaupte, »Fa«; aber wenn man selbst den von den Identifizierungsregeln von „a“ abgegrenzten Wahrnehmungsbereich erfährt, kann man nicht einsehen, dass „F“ gemäß seiner Verwendungsregeln darauf verwendbar ist“, was gleich einer solchen ist: „Ich behaupte, »Fa«; aber die Wahrheitsbedingungen dafür besteht nicht.“ Sie heißen nicht mehr als „»Fa« ist wahr, und »Fa« ist falsch“. Der Widerspruch zum Anspruch auf Begründbarkeit weist also genau einen aussagelogischen Widerspruch auf. Aus diesem Grund muss man Alexy zustimmen, dass der Anspruch auf Begründbarkeit erhoben werden muss, auch wenn man etwas behauptet, was aus technischen Gründen schwierig zu verifizieren ist.[345]

5.3.3.2 Pflicht zur Begründung

Alexys nächster Schritt macht den Behauptungsbegriff normativ:

> „(3) Der Anspruch auf Begründbarkeit impliziert eine prima facie-Pflicht, das Behauptete auf Verlangen zu begründen.“[346]

Weil eine Pflicht, egal ob prima facie oder nicht, eine Norm ist,[347] impliziert der Anspruch auf Begründbarkeit nach Alexys Postulat eine Norm, die dem Behaupter gebietet, die Verifikation bzw. den V-Diskurs nicht monologisch zu realisieren, und die Argumente für die Verifizierbarkeit seiner Behauptung anzugeben.[348] Mit anderen Worten enthält der Anspruch auf Begründbarkeit eine Selbstverpflichtung zum positiven Tun. Diese Selbstverpflichtung nenne ich im Folgenden die „V-Verpflichtung“. In diesem Zusammenhang bedeuten die Gründe für eine Behauptung die Argumente für ihre Verifizierbarkeit.

Es wurde bereits bestimmt, dass der Anspruch auf Begründbarkeit den Anspruch auf Verifizierbarkeit bedeutet. Nun fragt man sich, ob der Anspruch auf Verifizierbarkeit mit der V-Verpflichtung notwendig verbunden ist. Ein nützliches Prüfungsmittel ist die Folge ihrer Negation: Wird der Anspruch auf Verifizierbarkeit verneint, wenn der Behaupter die V-Verpflichtung ablehnt? Die Antwort ist offensichtlich negativ. Man kann bei der Ausführung einer Behauptung die V-Verpflichtung ablehnen, ohne den Anspruch auf Verifizierbarkeit zu verneinen und eine solche Behauptung, wie z. B. die folgende, ist an sich kein

345 Alexy, Thirteen Replies, S. 348.

346 Alexy, Diskurstheorie und Menschenrechte, S. 137.

347 Vgl. zur prima facie Pflicht, Searle, Prima Facie Obligations; Sieckmann, Recht als normatives System, S. 44 f.

348 Siehe oben, S. 53 f.

Problem: „Ich behaupte, »Fa«, aber dabei habe ich mich nicht verpflichtet, Fa zu begründen."

Man würde fragen, warum der Wahrheitsanspruch als die Garantie, die den V-Diskurs ausmachen kann, nicht die V-Verpflichtung implizieren muss? Die Antwort ist, dass der Wahrheitsanspruch nur die Verifizierbarkeit, aber nicht das positive Tun des Behaupters garantiert. Während die Verneinung der Verifizierbarkeit zum aussagelogischen Widerspruch führt und das Vorgehen des Sprachspiels unmöglich macht, kann das Sprachspiel immer noch fortgehen, wenn der Behaupter ausdrücklich die V-Verpflichtung ablehnt, weil die Mitspieler diese Behauptung immer noch verstehen und selbst verifizieren können. Dies ist der Grund, warum die V-Verpflichtung für den allgemeinen Behauptungsbegriff nicht konstitutiv ist. Schon früh hat Helmut Schnelle einen einleuchtenden Vergleich zwischen der Behauptung und dem Versprechen gemacht:[349] Wir können ohne Weiteres sagen, dass die Selbstverpflichtung, das Versprochene zu tun, für die Versprechen konstitutiv ist. Es ist aber abwegig zu sagen, dass die Selbstverpflichtung, die Behauptung positiv zu begründen, für die Behauptung konstitutiv ist.

Es liegt nahe, dass Alexys Argumentation auf der Verwischung zwischen der Verneinung der Verifizierbarkeit und der Ablehnung der V-Verpflichtung beruht. Eigentlich sollte Alexy ein eindeutiges Beispiel für die Ablehnung der V-Verpflichtung nehmen, aber sein einziges Beispiel ist so unklar, dass es sowohl als die Verneinung der Verifizierbarkeit als auch als die Ablehnung der V-Verpflichtung verstanden werden könnte: „Wer geltend macht, daß seine Behauptung wahr oder richtig ist, und zugleich sagt, *daß es keinerlei Gründe für das Behauptete gibt*, stellt vielleicht nicht einmal eine echte Behauptung auf. Jedenfalls ist seine Behauptung fehlerhaft."[350] Die in diesem Beispiel gestellte Behauptung ist fehlerhaft, nur wenn „daß es keinerlei Gründe für das Behauptete gibt" die Verneinung der Verifizierbarkeit bedeutet. Zwar betont Alexy, dass die von ihm gemeinte Pflicht zur Begründung nur prima facie ist, und dass diese Pflicht keine „guten" Gründe erfordert, aber dies alles trifft das Problem nicht, dass der Wahrheitsanspruch überhaupt nicht die V-Verpflichtung einschließen muss.

Ob ein Behaupter seine Behauptung positiv begründen soll, ist eher ein Problem der Beweislast. Zwar sind die Normen über Beweislast für bestimmte Zwecke sinnvoll und begründbar, und ähnliche Normen befinden sich tatsächlich in

---

349 Schnelle, Sprachphilosophie und Linguistik, S. 42 f. Alexy hat in „Theorie der juristischen Argumentation" diese Kritik schon bemerkt aber nicht direkt konfrontiert (Theorie der juristischen Argumentation, S. 167, Fn. 408).

350 Alexy, Diskurstheorie und Menschenrechte, S. 137 (Hervorgehoben von Cheng).

Rechtsinstitutionen oder anderen Institutionen, aber diese Normen sind nicht für den Wahrheitsanspruch sowie für die Institution der Behauptung konstitutiv. Der performative Widerspruch ist hier also kein Widerspruch zur Voraussetzung der Ausführung der Behauptung, sondern die Verletzung einer externen Norm, wenn es eine solche Norm gibt.[351]

5.3.3.3 Gleichberechtigung, Zwanglosigkeit und Universalität

Im Anschluss an die Pflicht zur Begründung analysiert Alexy die Voraussetzungen der Begründung oder der Argumentation und behauptet:

> „(4) Mit Begründungen werden, jedenfalls was das Begründen als solches anbelangt, die Ansprüche auf Gleichberechtigung, Zwanglosigkeit und Universalität erhoben."[352]

Laut Alexy entsprechen diese drei Ansprüche den Vernunftregeln,[353] und die Begründung der Vernunftregeln ist bis hierhin abgeschlossen.

Das Problem in diesem Abschnitt ist ähnlich wie das im letzten. Alexys Erklärungsbeispiele weisen einige Merkwürdigkeiten auf, die aber genau genommen nicht aufgrund des Mangels der nachzuweisenden Voraussetzungen entstehen.

Zuerst ist hervorzuheben, dass die Vernunftregeln die Handlungsnormen sind,[354] egal, wie man sie benennt. Die Vernunftregeln können über zwei Normen umformuliert werden: 1) Das Gebot, dass jeder auf Ersuchen von jedem die nicht monologischen V-Diskurse realisieren soll und dass jeder daran teilnehmen kann. Man kann diese Norm als das allgemeine Recht auf Diskurs bezeichnen. 2) Das Verbot, das von 1) dargestellte Recht nicht durch Zwang zu verhindern. Aufgrund der starken Universalität von 1) erfordert 2) in der Tat nicht nur die Aussetzung von Zwang für die derzeitige und lokale Argumentation, sondern auch für alle anderen möglichen Realisierungen des V-Diskurses in Zukunft. Das heißt, dass

---

351 Vgl. zu einer ähnlichen Kritik Hain, Diskurstheorie und Menschenrechte, S. 205. Bäcker ist davon überzeugt, dass solche Kritik widerlegt werden kann. Der Grund lautet wie folgt: „Einen Anspruch zu erheben, bedeutet, sich selbst der Pflicht der Erfüllung des Anspruchs zu unterwerfen. Es ist widersprüchlich, zu sagen: „Ich erheben den Anspruch, x zu tun, aber ich werde x nicht tun"" (Bäcker, Begründung und Entscheidung, S. 82). Das Problem in Bäckers Erwiderung ist, wie schon gezeigt, dass sich der „Anspruch" in diesem Sinne nicht mehr von dem Wahrheitsanspruch ableiten kann.

352 Alexy, Diskurstheorie und Menschenrechte, S. 137.

353 Alexy, Diskurstheorie und Menschenrechte, S. 137; vgl. dazu Bäcker, Begründung und Entscheidung, S. 84.

354 Siehe zu den Vernunftregeln oben, S. 10.

1) und 2) zusammen zwar kein absolutes Zwangsverbot darstellen, aber dass sie sich einem bedingten Zwangsverbot nähern, das etwa wie folgt lautet: Zwang ist auszusetzen, wenn jeder die nicht monologische Realisierung des V-Diskurses verlangt. Eine solche Norm bezieht sich bereits auf den allgemeinen Handlungsbereich,[355] auch wenn sie nur einen prima facie Charakter hat oder als ein Prinzip im Alexyschen Sinne verstanden wird.[356]

Kommen wir nun auf Alexy Beispiele zurück. Für Alexy sind die Fehlerhaftigkeiten der folgenden Äußerungen (4.1), (4.2) und (4.3) jeweils die Beweise für die Ansprüche auf Gleichberechtigung, Zwanglosigkeit und Universalität:[357]

> „(4.1) Für mich ist der Grund *G*, den ich für meine Behauptung ausführe, natürlich kein guter Grund; du solltest angesichts deiner geringen Intelligenz *G* aber als guten Grund für diese Behauptung akzeptieren."
> „(4.2) Wenn dich meine Gründe nicht überzeugt, wirst du entlassen."
> „(4.3) Wenn wir *A*, *B* und *C* von unserer Diskussion ausschließen und deren Einwände vergessen, werden wir uns davon überzeugen können, daß der von mir angeführte Grund *G* ein guter Grund ist."

Zur Fehlerhaftigkeit von (4.1) sagt Alexy: „Ein Grund für eine Behauptung ist nur dann ein guter Grund, wenn er für jeden ein guter Grund sein kann."[358] Dieses Kriterium für die „guten Gründe" – hier bedeuten die Gründe nicht die Wahrheitsbedingungen, sondern die Argumente dafür – verlässt einen Interpretationsraum. Es kann dahingehend interpretiert werden, dass ein Grund für *p* gut ist, wenn jeder ihn tatsächlich als gut anerkennen kann. Diese Interpretation ist aber nicht sinnvoll, weil demzufolge ein guter Grund wegen individueller Differenzierung bezüglich Erkenntnisfähigkeit, Wissensstand und anderer Variablen unmöglich und unerkennbar ist.[359] Ein angemessenes Kriterium für

---

355 Die Vernunftregeln sind, wie Alexy gesagt, noch nicht so stark wie das allgemeine Freiheitsrecht, aber ihre Stärke wird von Alexy unterschätzt (vgl. dazu Alexy, Thirteen Replies, S. 339 f).

356 Vgl. zu den Vernunftregeln als die Prinzipien, Bäcker, Begründungen und Entscheidungen, S. 139 ff.

357 Alexy, Diskurstheorie und Menschenrechte, S. 137 f; vgl. dazu ders., Theorie der juristischen Argumentation, S. 168–170.

358 Alexy, Diskurstheorie und Menschenrechte, S. 138.

359 Alexy und andere Diskursethiker würde sagen, dass die Anerkennung eines guten Grunds von „jedem" in einem idealen Sinne verstanden werden sollte. Diese Erwiderung führt zur Debatte über die Konsenstheorie der Wahrheit der Diskursethik, die besagt, dass eine wahre Behauptung der Konsens der idealen, unbegrenzten Kommunikationsgemeinschaft, der idealen Sprechsituation oder des idealen Diskurses ist (siehe oben, Fn. 5). Aber eine solche Erwiderung ist methodisch problematisch. Die Begründung

die „guten Gründe" kann nur auf die Wahrheit bzw. die Verifizierbarkeit von *p* zurückgeführt werden: Ein Grund für *p* ist gut, wenn er hinsichtlich der Verifikationsregeln von »*p*«, nämlich die Bedeutungsregeln von »*p*«, die Verifizierbarkeit von *p* stützen kann. Dementsprechend können wir sagen, dass es den Subjekten gleichgültig ist, ob ein Grund für *p* gut ist, weil die Bedeutungsregeln von »*p*« den Subjekten gleichgültig sind. Wenn jemand wie im obigen Beispiel von Alexy behauptet, dass die Gültigkeit eines Grunds für *p* nicht von den Bedeutungsregeln von »*p*« bestimmt ist, sondern je nach dem Status, der Rasse oder der Intelligenz des Subjekts variiert, nimmt er die Bedeutungsregeln von »*p*« nicht ernst. Wenn man die Bedeutungsregeln von »*p*« absichtlich nicht befolgt, kann man *p* überhaupt nicht verifizieren, das heißt, dass man nicht argumentiert.

Dass die Bedeutungsregeln von »*p*« den Subjekten gleichgültig sind, reflektiert irgendeine Art „Gleichberechtigung", die man aber nicht überschätzen sollte. Dass man bei der Argumentation die Bedeutungsregeln von »*p*« befolgen muss, bedeutet nicht, dass man das allgemeine Recht auf Diskurs auch annehmen muss. (4.1) ist ein für Alexys Begründungszweck unpräzises Beispiel, weil es einerseits eine absichtliche Nichtbefolgung der Bedeutungsregeln von »*p*« zeigt und andererseits die Ablehnung des allgemeinen Rechts auf Diskurs andeutet, sodass man nicht entscheiden kann, woraus die Fehlerhaftigkeit von (4.1) besteht. Sinnvoller ist zu fragen, was passieren wird, wenn man bei Argumentation einerseits das allgemeine Recht auf Diskurs ablehnt und andererseits die Bedeutungsregeln von »*p*« beachtet. Dabei würde der Argumentierende in einige Schwierigkeiten geraten. Was er gemacht hat, ist heutzutage vielleicht „politisch nicht korrekt" und der moralischen Verurteilung ausgesetzt. In manchen Ländern ist diese Handlung sogar strafbar, wenn sie eine diskriminierende Konnotation hat. Der Grund, warum er ein solches Recht ablehnt, könnte absurd oder überhaupt falsch sein, wie z. B. „Die Mongoliden sind zu dumm um meine Theorie zu verstehen." Aber dies alles ändert nichts daran, dass er argumentiert, und seine Argumentation ist nicht unbedingt von schlechter Qualität, was von einigen geistigen Größen der menschlichen Geschichte nachgewiesen werden kann.

(4.3) ist ein interessanter Fall. Man kann bezweifeln, ob eine solche Äußerung wirklich so unerträglich ist, weil es üblich ist, dass wir bei den Diskussionen mancher Themen wegen der unlösbaren Divergenz der Grundpositionen von einigen Einwänden absehen müssen. Dies passiert sogar bei den wissenschaftlichen

---

der Vernunftregeln sollte eigentlich zur Begründung der Konsenstheorie der Wahrheit beitragen. Wenn die Begründung der Vernunftregeln an der Konsenstheorie der Wahrheit appelliert, entsteht eine nicht erhellende Tautologie.

Debatten. Alexys Erklärung für die Fehlerhaftigkeit von (4.3) lautet wie folget: „Schließlich beansprucht derjenige, der etwas begründet, seine Behauptung nicht nur gegenüber dem jeweiligen Adressaten, sondern gegenüber jedermann verteidigen zu können."[360] Diesbezüglich scheint das Problem von (4.3) nicht mehr als das von (4.1) zu sein, dass der Argumentierende die Bedeutungsregeln von »*p*« nicht ernst nimmt.

Zu (4.2) sagt Alexy: „Ferner gibt jeder, der etwas begründet, zumindest vor, zumindest was das Begründen anbelangt, weder Zwang selbst auszuüben noch sich auf von anderen ausgeübten Zwang zu stützen." Die Zwanglosigkeit bei der Argumentation hat einen ähnlichen Status wie die Befolgung der Bedeutungsregeln von »*p*«. Die beiden sind für die Argumentation als die nicht monologische Realisierung des V-Diskurses begrifflich notwendig und in diesem Sinne die „Voraussetzungen" der Argumentation. Aber die Vernunftregeln besagen, wie eingangs erwähnt, mehr. Das Problem ist also nicht, ob man bei Argumentationen mit dem Zwang aussetzen muss, sondern, ob man außerdem das Zwangsverbot für andere oder weitere mögliche Diskurse auch annehmen muss. Dazu kann folgendes Beispiel genommen werden: Ein Argumentierender verkündet, dass er die jetzige Diskussion nach einer bestimmten Frist abschließen will und danach die Möglichkeit nicht ausschließt, weitere Diskussionen mit Zwang zu verhindern. Dabei lehnt der Argumentierende das oben genannte Zwangsverbot und auch das allgemeine Recht auf Diskurs ab, und wenn er später wirklich Zwang ausübt, könnte er sogar die moralischen oder rechtlichen Normen verletzen. Aber sofern er die Bedeutungsregeln von »*p*« befolgt und noch nicht an Zwang appelliert – dazu können wir uns die Argumentation von einem Diktator vorstellen –, argumentiert er immer noch.

Wenn die Ansprüche auf Gleichberechtigung, Zwanglosigkeit und Universalität den Vernunftregeln entsprechen, ist es weit hergeholt zu sagen, dass diese Ansprüche für die Argumentationen konstitutiv sind und bei ihrem Ausfall ein besonderer „Widerspruch" entsteht. Außerdem kann man ein merkwürdiges Phänomen erkennen: Wenn Alexys Begründungsprogramm nicht im Zusammenhang von Wahrheit und Behauptung, sondern in dem von Richtigkeit und Norm steht, muss sein Begründungsprogramm ganz anders verstanden werden. Das entspricht dem Grundsatz, dass die Wahrheits- und die Richtigkeitsprobleme nicht vermischt werden sollten.

360 Alexy, Diskurstheorie und Menschenrechte, S. 138. Habermas nimmt eine ähnliche Äußerung wie (4.3) als Beispiel, bei dem ein performativer Widerspruch auf ähnliche Weise wie (1)* entsteht. Für Habermas kann der performative Widerspruch bei (4.3) die Vernunftregeln schon nachweisen (Habermas, Begründungsprogramm, S. 101).

5.3.4 Über den Richtigkeitsanspruch

Der Richtigkeitsanspruch ist einer der möglichen Geltungsansprüche, der sowohl zu den Normen als auch zu den Normbehauptungen hinzugefügt werden kann. Ob man bei Normbehauptungen den Richtigkeitsanspruch erheben muss, ist ähnlich wie die Frage, ob man die von ihm berichtete Norm als richtig bezeichnen muss. Das ist üblicherweise aber nicht zwingend. Falls man eine Norm gleichzeitig als richtig und unrichtig bezeichnet, begeht man einen aussagelogischen Widerspruch.

Die Frage, ob man bei den Normen (den Ausführungen der Aufforderungen) den Richtigkeitsanspruch erheben muss, ist von größerer Bedeutung.[361] Der Ausfall des Richtigkeitsanspruchs, macht, wie schon gezeigt, das Vorgehen der Institution der Aufforderung nicht unmöglich, aber er könnte die Möglichkeit verringern, dass die Normadressaten die Normen freiwillig annehmen und erfüllen. Mit anderen Worten könnte die Erhebung des Richtigkeitsanspruchs die Durchführung der Normen begünstigen. Diese Begünstigung könnte verstärkt werden, wenn der Normgeber den von ihm erhobenen Richtigkeitsanspruch begründet, und *unter gewissen Bedingungen* noch verstärkt werden, wenn der Normgeber eine offene Haltung einnimmt, wie z. B. die Vernunftregeln einigermaßen annimmt. Was ist das Problem, wenn all das bei einer Aufforderung ausfällt? Man kann vielleicht sagen, dass sie in „normalen Situationen" unkluge oder unvernünftige Handlungen sind, weil sie zulasten ihrer Zwecke gehen. Aber es fällt schwer, diese Situationen als einen besonderen Widerspruch zu betrachten. Man kann, wenn man so will, alle Aufforderungen ohne den Richtigkeitsanspruch, wie z. B. die Befehle von Bankräubern,[362] als performativ widersprüchlich bezeichnen. Eine solche Bezeichnung sagt und hilft aber nicht viel.

Man würde fragen: Warum kann der Richtigkeitsanspruch die Annahme und die Erfüllung der Normen begünstigen? Spricht dieses Phänomen nicht dafür, dass die Richtigkeitsfrage für die Normen besonders bedeutsam ist? Das ist wirklich der Fall. Aber das Schlüsselproblem ist, dass dieses Thema im Rahmen der konstitutiven Regeln der illokutionären Akte mithilfe des Begriffs des performativen Widerspruchs nicht besser gefasst werden kann.

---

361 Die Behauptung mit dem Richtigkeitsanspruch in Alexys Begründungsprogramm wird von Sieckmann nur als die Normbehauptung verstanden (Sieckmann, Recht als normatives System, S. 215 f.). Aber was Alexy wirklich gemeint hat, ist eher die Norm mit dem Richtigkeitsanspruch in dieser Arbeit.

362 Natürlich kann ein Bankräuber auch den Richtigkeitsanspruch zu seinem Befehl erheben, aber hier müssen wir diesen Fall nicht in Betracht ziehen.

5.4 Fazit

Sowohl der aussagelogische als auch der normenlogische Widerspruch können durch die Symbole von K»$p \land \neg p$« und K»p«$\land \neg$K»p« repräsentiert werden. Während K»$p \land \neg p$« in den beiden logischen Bereichen symbolisch begriffen wird (K_b»$p \land \neg p$«$\equiv p \land \neg p$, K_a»$p \land \neg p$«$\equiv Op \land O\neg p$), hat K»p«$\land \neg$K»p« eine Entsprechung nur in der Normenlogik (K_a»p«$\land \neg K_a$»p« $\equiv Op \land \neg Op$) und nicht in der Aussagelogik. Aber K_a»p«$\land \neg K_a$»p« führt auch zu einer ähnlichen Konsequenz wie der aussagelogische und der normenlogische Widerspruch. Zusammengefasst kann man sagen: Wenn K»$p \land \neg p$« sowie K»p«$\land \neg$K»p« bei den Behauptungen und den Normen vorkommen, wird das Vorgehen der Institution der Behauptungen und der Normen verhindert. Dies berechtigt die Normenlogik zu dem Namen von „Logik" und entspricht der Auffassung, dass der logische Widerspruch den illokutionären Akten unterliegt.

Was ist dann der performative Widerspruch? Grils Widerlegung dieses Begriffs ist, wie Bäcker gezeigt hat, problematisch, weil er von beliebigen Voraussetzungen ausgeht und dadurch die Willkürlichkeit des performativen Widerspruchs zu zeigen versucht, während die Diskursethiker von dem „allgemeinen Sprachgebrauch" ausgehen, um den performativen Widerspruch zu konstruieren.[363] Dieser Widerspruchsbegriff ist jedoch, wie bereits gezeigt, zwar nicht willkürlich, aber ein Sammelbegriff. Er schließt ein: 1) K_b»$p \land \neg p$«; 2) K_b»p«$\land \neg K_b$»p«; 3) falsche Behauptungen; 4) die Ablehnung der V-Verpflichtung (oder der Übernahme der Beweislast) bei Behauptungen; 5) der Ausfall der Ansprüche auf Gleichberechtigung, Zwanglosigkeit und Universalität bei Argumentationen (die Ablehnung der Vernunftregeln); 6) der Ausfall des Richtigkeitsanspruchs bei Normen. Vielleicht qualifiziert K_b»p«$\land \neg K_b$»p« als einen besonderen Widerspruch, aber es ist nicht sinnvoll, dies alles in den Begriff des performativen Widerspruchs zu fassen.

Unter allen sind nur 4), 5) und 6) für die Begründung der Vernunftregeln zur Sache gehörig. Aber wie schon gesehen, können die Vernunftregeln durch 4) und 5) als die Voraussetzungen der illokutionären Akte nachgewiesen werden, nur wenn besondere Definitionen für die Behauptung und die Argumentation unterstellt werden, und 6) überhaupt nicht aus Sicht der Voraussetzungen der illokutionären Akte erfasst werden sollte. Man würde fragen, ob meine Kritik nur auf einem anderen Definitionszusammenhang beruht. In der Tat kreist der Streitpunkt immer wieder um die Definition der strittigen illokutionären Akte: Warum sollten diese Begriffe gemäß den Vernunftregeln verstanden werden oder nicht?

---

363 Bäcker, Begründung und Entscheidung, S. 73; vgl. dazu Gril, Die Möglichkeit praktischer Erkenntnis aus Sicht der Diskurstheorie, S. 53 f.

Ist das nicht nur ein Definitionsspiel der Diskursethiker? Sind diese Begriffe nicht nur kulturell oder historisch kontingent?[364] Diese Fragen können sogar zum Zweifel an der Notwendigkeit der Unterscheidung verschiedener illokutionärer Akte führen.[365]

Zuerst ist zu bestimmen, dass die illokutionären Akte auf ihrer Grundebene ihre eigene „Kernbedeutungen" besitzen. Auf dieser Ebene hat diese Arbeit die Dichotomie zwischen der assertorischen und der praktischen illokutionären Kraft, und eine Unterklasse des Letzteren, nämlich die Aufforderungen, ausgearbeitet. Die unterscheidenden Merkmale bzw. die Kriterien dieser illokutionären Akte sind „hart". Man kann nicht z. B. den Wahrheitsanspruch oder den Vollziehungsanspruch in etwa reduzieren und sinnvoll sagen, dass eine „relative" Behauptung oder Aufforderung ausgeführt wird. Wenn sie nicht erhoben oder ihre Erhebung verwischt werden, kann keine Behauptung oder Aufforderung identifiziert werden. Die illokutionären Akte auf dieser Ebene konstituieren die primitivste Bedeutungsstruktur von Sprache und haben deshalb eine starke universale Notwendigkeit. Wer diese illokutionären Akte nicht unterscheiden kann, der versteht diese illokutionären Akte nicht. Wer diese illokutionären Akte nicht versteht, der beherrscht gar keine Sprache oder kann zumindest als abnorm bezeichnet werden. Wir müssen sogar nicht bezweifeln, ob sie nur kontingente Konventionen sind, solange wir aus den Äußerungen aus verschiedenen kulturellen und historischen Hintergründen auch die Behauptungen und die Normen identifizieren können.

Auf einer höheren Ebene können andere Kriterien zu den Kernbedeutungen hinzugefügt werden. Zum Beispiel kann ein besonderer Typ der Behauptung oder Aufforderung thematisiert werden, wenn der Behaupter die Beweislast übernimmt, oder wenn der Normsetzer den Richtigkeitsanspruch erhebt. Auf diese Weise können unzählige Typen der illokutionären Akte konstruiert werden, wie das von Herbert Keuth vorgeschlagene Gedankenexperiment.[366] Das

364 Vgl. dazu Braun, Diskurstheoretische Normenbegründung in der Rechtswissenschaft, S. 253 f.; Hilgendorf, Zur Transzendentalpragmatischen Begründung von Diskursregeln, S. 199 f.; Engländer, Diskurs als Rechtsquelle?, S. 55 f; Hain, Diskurstheorie und Menschenrechte, S. 203 f.

365 Gril, Die Möglichkeit praktischer Erkenntnis aus Sicht der Diskurstheorie, S. 144: „Aber die Abgrenzung verschiedener Typen von Sprechakten ist immer möglich, egal, welcher Sinn ihnen gegeben wird. Die Abgrenzungen mögen jeweils anders verlaufen, sie beruhen aber in jedem Fall darauf, daß Bedeutungsmerkmale, die dem Sprechakt A zugesprochen werden, dem Sprechakt B abgesprochen werden."

366 Keuth, Fallibilismus versus transzendentalpragmatische Letztbegründung, S. 343 f.

bedeutet, dass diese hinzugefügten Kriterien „weich“ sind. Ihre Veränderung macht die zugehörigen illokutionären Akte nicht unverständlich, weil sie nicht zu der primitivsten Bedeutungsstruktur beitragen. Dementsprechend haben die auf dieser Ebene konstruierten Begriffe der illokutionären Akte keine universale Notwendigkeit. Sie sind nicht willkürlich, wenn sich ihre Konstruktionen von bestimmten theoretischen Interessen leiten lassen, aber ihr Stellenwert liegt nur im Rahmen der relevanten theoretischen Interessen. Wenn man diese Begriffe an sich als Argumente anführt, führt dies nur zu unendlichen Debatten über die Definition verschiedenartiger illokutionärer Akte.

Es spricht einiges dafür, dass Alexy bei seinem Begründungsprogramm diese Schwierigkeit berücksichtigt hat.[367] Dafür führt Alexy ein „abgeschwächtes transzendentales Argument“ an:[368]

> „(5) Wer sein ganzes Leben lang keine Behauptung (im durch (1)–(3) definierten Sinne) aufgestellt und keine Begründung (im durch (4) definierten Sinne) gibt, nimmt nicht an der allgemeinsten Lebensform des Menschen teil.“

Die kritischen Meinungen richten sich gegen die Tauglichkeit der Bezeichnung dieses Arguments als „transzendental“.[369] Aber die fatale Schwäche dieses Arguments ist eher das methodische Problem als die Unversöhnlichkeit der Terminologie. Was Alexy mit diesem Argument gemeint hat, ist die Tatsache, dass wir vielleicht nicht immer, allerdings mehr oder weniger in unserem sozialen Leben die illokutionären Akte „gemäß“ den Vernunftregeln ausgeführt haben.[370] Prinzipiell kann man diese Tatsache nicht leugnen, aber es gibt im sozialen Leben viele Faktoren, die zu dem Phänomen der Erfüllung der Vernunftregeln führen können. Zum Beispiel kommt das allgemeine Recht auf Diskurs dem Mainstream-Wert der modernen abendländischen Gesellschaften entgegen, und das Zwangsverbot dafür könnte sich mit den Gesetzen vieler Staaten überlappen. In diesen Gemeinschaften würden die Vernunftregeln von den meisten Menschen bereits teilweise angenommen und befolgt werden, egal, ob sie bestimmte illokutionäre Akte gerade ausführen oder ausführen wollen. Ein anderes Beispiel ist, dass bei manchen sozialen Institutionen, wie z. B. bei dem Gerichtsverfahren, der Behaupter gegebenenfalls zur Begründung verpflichtet sein könnte. Man kann noch mehr Beispiel finden, dass verschiedene Ursachen im sozialen Leben unser Verhalten einigermaßen mit den Vernunftregeln übereinstimmen lassen. Die

---

367 Alexy, Diskurstheorie und Menschenrechte, S. 138 f.

368 Alexy, Diskurstheorie und Menschenrechte, S. 139.

369 Vgl. zu dieser Problematik Bäcker, Begründung und Entscheidung, S. 57 ff.

370 Alexy, Diskurstheorie und Menschenrechte, S. 140.

Folge ist, dass man aus diesen Fakten nicht sinnvoll entscheiden kann, inwiefern die Vernunftregeln für welche illokutionären Akte konstitutiv sind. Zwar kann Alexys Argument dahingehend interpretiert werden, dass es für uns Menschen „faktisch notwendig“ ist,[371] „etwas zu behaupten, einen Grund anzuführen und die Frage »Warum?« zu stellen“[372]. Dies kann man nicht leugnen und man muss sogar die Bezeichnung der Menschen als „discursive creatures“, die Alexy an Brandom angelehnt hat, anerkennen.[373] Aber das Problem ist, wie schon gesehen, dass die Vernunftregeln nicht die Möglichkeitsbedingungen dieser Aktivitäten sind. Es ist nicht der Fall, dass man diese illokutionären Akte nicht ausführen kann, wenn man nicht in das Reich der Vernunftregeln eintritt. Dazu wurde ein anderes Argument von Alexy angeführt: Auch aus Sicht der individuellen Nutzenmaximierung hat man das Interesse, den Richtigkeitsanspruch zu erheben, und dies könnte zur Annahme – einschließlich einer angeblichen Annahme – der Vernunftregeln führen.[374] Diese These ist wirklich bedenkenswert, aber man muss beachten, dass sie nicht mehr zum Argument für die Vernunftregeln als die Voraussetzungen der illokutionären Akte gehört.

Habermas hat die Leitidee der illokutionären Akte komplett umgedreht. Bei ihm geht es nicht nur um Verstehen und Bedeutung, um die Form des Sprachspiels, sondern um die „einvernehmliche Koordinierung“[375]. In diesem Zusammenhang bekommt die illokutionäre Kraft eine erstaunliche neue Eigenschaft: „Mit der illokutionären Kraft einer Äußerung kann ein Sprecher einen Hörer motivieren, sein Sprechaktangebot anzunehmen und damit *eine rational motivierte Bedingung einzugehen.*“[376] Zwar kann man sowohl bei den Behauptungen als auch bei den Normen eine Ja/Nein Stellung einnehmen (Bejahung/Verneinung und Annahme/Ablehnung) wie das Postulat von Habermas, aber genaugenommen sind nur die Normen hinsichtlich der Handlungskoordinierung von entscheidender Bedeutung. Der Schwerpunkt muss also nur auf die Normen gelegt werden. Die sogenannte rationale Motivierung besteht aus der Anerkennung des Richtigkeitsanspruchs (des normativen Geltungsanspruchs im Habermasschen Sinne), die im Definitionszusammenhang von Habermas die Wirkung von Sanktion und Belohnung, Gewalt und Gütern ausschließt.[377] In Wirklichkeit

371 Vgl. dazu Bäcker, Begründungen und Entscheidungen, S. 60 f.
372 Alexy, Diskurstheorie und Menschenrechte, S. 141.
373 Alexy, Law, Morality and the Existence of Human Rights, S. 11.
374 Alexy, Diskurstheorie und Menschenrechte, S. 142 ff., S. 151 ff.
375 Habermas, Theorie des kommunikativen Handelns. Bd. 1, S. 397 f.
376 Habermas, Theorie des kommunikativen Handelns. Bd. 1, S. 376.
377 Habermas, Theorie des kommunikativen Handelns. Bd. 1, S. 403 ff.

konstruiert Habermas nicht nur einen besonderen Typ des illokutionären Akts, nämlich die Normen mit dem Richtigkeitsanspruch, sondern eine ganz andere Theorie unter dem Namen der illokutionären Akte, weil für ihn die Aufforderungen ohne den Richtigkeitsanspruch überhaupt keine illokutionäre Kraft haben.[378] Das heißt, dass nur diejenigen Aufforderungen, die an moralische Gründe – oder zumindest an „gute" Gründe – appellieren und auf eine freiwillige Annahme aufgrund der Reflexion dieser Gründe zielen, illokutionäre Akte sind.[379] Auf diese Weise können die Vernunftregeln bis zu einem gewissen Grad als die Voraussetzungen der illokutionären Akte gelten. Jedoch kann ein solches Begründungsprogramm unter Verlust der Orientierung einer Theorie der illokutionären Akte nicht viel erlangen. Auch wenn Habermas den Begriff des illokutionären Akts auf die von ihm angestrebte moralische Perspektive abstellt, muss er beantworten, warum wir Menschen die illokutionären Akte in diesem Sinne ausführen müssen. Diese Frage lautet nicht mehr als das, warum wir Menschen in die moralische Dimension eintreten müssen. Man kommt auf ein typisches ethisches Thema zurück. Die Bemühung um eine Rekonstruktion – oder sogar eine Revolution – der Theorie der illokutionären Akte von Habermas hilft dabei nicht, weil er letztendlich eine umstrittene Annahme als seine Antwort darauf gibt,[380] was keiner Theorie über die illokutionären Akte – egal ob im Habermasschen oder im üblichen Sinne – bedarf.

Bisher ist das gemeinsame Problem der Begründungsstrategie der Diskursethik deutlich zu sehen. Es wird versucht, durch die Voraussetzungen der illokutionären Akte die Basis der Diskursethik nachzuweisen. Das erwünschte Ergebnis ist, dass die universale Notwendigkeit dieser illokutionären Akte die universale Notwendigkeit der Basis der Diskursethik garantieren kann. Aber die „Kernbedeutung" der gewählten illokutionären Akte kann diese Aufgabe nicht tragen, deshalb müssen diese illokutionären Akte begrifflich erweitertet werden, wodurch sie ihre universale Notwendigkeit verlieren und ihre Beweiskraft reduziert wird. Infolgedessen müssen noch mehr andere Argumente angeführt werden, was überhaupt nicht mit einer Theorie der illokutionären Akte zusammenhängen muss. Die Konsequenz ist, dass sich die Diskursethik unnötigerweise in einer problematischen sprachanalytischen Grundlage verstrickt.

---

378 Habermas, Meaning, Communication, and Representation, S. 22.
379 Habermas, Meaning, Communication, and Representation, S. 23 f.
380 Siehe oben, Fn. 118.

6. Die Begründbarkeit der Diskursethik

Wenn die Vernunftregeln nicht durch die Voraussetzungen der illokutionären Akte zu begründen sind, gibt es dann andere Möglichkeiten, die Idee der Diskursethik zu erklären? Ungeachtet der problematischen sprachanalytischen philosophischen Grundlage hinterlassen Habermas und Alexy einige Einsichten und Hinweise, deren Rekonstruktion tatsächlich zu einer anderen Erklärung der Diskursethik führen könnte.

Eine charakterisierende Blickrichtung von ihnen ist über die Aufrechterhaltung der Ordnung des Zusammenlebens einer Gemeinschaft, die die kollektive Annahme und Erfüllung einiger Normen bedingt. Der Zustand, dass solche Normen nicht in gewissem Maß freiwillig angenommen und erfüllt, sondern nur durch Gewalt sichergestellt werden können, bedeutet, dass gewaltige Konflikte jederzeit ausbrechen könnten, was für die meisten Menschen unerträglich ist. Dies ist die erste Prämisse, die keine anspruchsvolle „Menschennatur" voraussetzt, sondern nur, dass wir Menschen soziale Ordnung brauchen und dazu neigen, das langdauernde Konfliktrisiko zu vermeiden.[381] Dieses Problem wurde durch die Vorrichtungen von z. B. Tabus, Mythen, Religionen usw., die die gewaltlose Durchführung wichtiger Normen begünstigen können, erheblich neutralisiert,[382] aber eine solche Lösung kann man in den modernen Gesellschaften nicht mehr erwarten. Das Postulat einer säkularisierten Gesellschaft ist die zweite Prämisse. Diese zwei Prämissen machen den Sinn des diskursethischen Begriffs der Richtigkeit und dessen kognitive Basis aus: Hinsichtlich einer langfristig gesehen stabilen sozialen Ordnung sind nur diejenigen Normen, die von den Angehörigen einer Gemeinschaft freiwillig befolgt werden können, zweckmäßig und deshalb richtig. Solche Normen können nur durch eine gemeinsame Normbildung aller Angehörigen approximiert werden.

---

381 Siehe oben, Fn. 374. Diese Perspektive wird nach „Menschenrechte und Diskursethik" weniger von Alexy hervorgehoben. Stattdessen legt Alexy immer mehr Gewicht auf die Selbstentscheidung, die diskursive Möglichkeiten zu akzeptieren (Menschenrechte ohne Metaphysik, S. 21; Law, Morality, and the Existence of Human Rights, S. 11 f.).

382 Habermas, Faktizität und Geltung, S. 39–41.

Nun erreicht man eine andere Ausgangsstellung des Diskursprinzips: Es ist in Wirklichkeit eine demokratische politische Idee.[383] Zwar schließt der ehrgeizige Plan der Diskursethik bereits Demokratie ein, aber es ist nicht der Fall, dass die Voraussetzungen einiger illokutionären Akte zum Diskursprinzip führen, und das Diskursprinzip die Demokratie begründet,[384] sondern, dass das Diskursprinzip selbst eine Formulierung einer demokratischen politischen Idee ist. Die von der Diskursethik gelieferten Argumente dafür können, wenn der Boden der sprachanalytischen Grundlage entzogen ist, als eine „pragmatische" Begründung – nicht im linguistischen Sinne – verstanden werden. Diese Begründung erklärt, warum Demokratie unter bestimmten Voraussetzungen vorteilhaft und wünschenswert ist. Die diskursive Rationalität ist also die Fähigkeit, dass die Angehörigen einer raumzeitlichen Gemeinschaft ihre gegenseitigen Aufforderungen in Einklang bringen können. Diese realistische Interpretation widerspricht der von der Diskursethik betonten Idealität, aber diese Interpretation macht die Diskursethik überzeugender, was durch die folgende Darstellung gezeigt werden kann.

Nach Alexy sind die richtigen Normen der Konsens in einem idealen Diskurs.[385] Ein idealer Diskurs ist dadurch definiert, „daß unter den Bedingungen unbegrenzter Zeit, unbegrenzter Teilnehmerschaft und vollkommener Zwanglosigkeit im Wege der Herstellung vollkommener sprachlichbegrifflicher Klarheit, vollkommener empirischer Informiertheit, vollkommener Vorurteilsfreiheit die Antwort auf eine praktische Frage gesucht wird."[386] Ob der Begriff des idealen Diskurses als das Kriterium für die Richtigkeit geeignet ist, steht in der Kritik.[387] Als seine Erwiderung führt Alexy zwei Argumente an. Das erste besagt, dass auch der reale Diskurs den idealen Diskurs als eine „regulative Idee" unterstellen muss, da sonst die praktische Diskussion ihre Orientierung verliert.[388] Aber der

383 Vgl. zur Kritik von Tugendhat, dass Habermas den moralischen und den politischen Bereich ineinanderschiebt, Tugendhat, Vorlesungen über Ethik, S. 170 ff.; ders., Sprache und Ethik, S. 310 ff.

384 Habermas, Faktizität und Geltung, S. 154 ff; Alexy, Diskurstheorie und Menschenrechte, S. 163 f.; ders., Probleme der Diskurstheorie, S. 120.

385 Alexy, Probleme der Diskurstheorie, S. 109–111.

386 Alexy, Probleme der Diskurstheorie, S. 113.

387 Vgl. zu den kritischen Meinungen Weinberger, Der Streit um die praktische Vernunft, S. 39; ders., Alternative Handlungstheorie, S. 74, ders., Basic Puzzles of Discourse Philosophy, S. 174, Sieckmann, Human Rights and the Claim to Correctness, S. 197.

388 Alexy, Thirteen Replies, S. 348.

ideale Diskurs als eine regulative Idee ist immer noch problematisch.[389] Kommen wir auf die Situation zurück, in der wir mit den anderen über die Ordnung unseres Zusammenlebens diskutieren, wobei die Diskursethik Wert auf den Richtigkeitsanspruch legt. Es ist vielleicht ein wenig absurd, eine Aufforderung an den anderen zu stellen und einen solchen Richtigkeitsanspruch dazu zu erheben: „Diese Aufforderung ist richtig, weil sie dem Konsens des idealen Diskurses nahekommt." Unsere Besorgnis in dieser Situation ist die Lösungen potentieller Konflikte in konkreten Zuständen und nicht, was das Menschengeschlecht in einem unendlichen „Lernprozess" erreichen wird. Man sieht auch nicht, wie ein solcher Richtigkeitsanspruch die freiwillige Befolgung begünstigen kann. Der ideale Diskurs als die Orientierung der praktischen Fragen hat Wurzeln in der problematischen Analogie zwischen der Wahrheit und der Richtigkeit und in ihrem schon widerlegten Zusammenhang mit den Voraussetzungen einiger illokutionären Akte. Erst wenn diese unplausiblen Elemente entfernt werden, können sich die praktischen Diskussionen nur an der Approximation eines faktischen Konsenses einer raumzeitlichen Gemeinschaft unter konkreten Bedingungen orientieren, worin der Sinn der richtigen Normen und des Richtigkeitsanspruchs liegt.[390]

Um zu beweisen, dass der ideale Diskurs nicht für die Richtigkeit irrelevant ist, kommt das zweite Argument ins Spiel. Alexy zeigt, wie schlimm die realen Diskurse mangels einer Approximation an die idealen Diskurse sein könnten:

> „Man nehme nur an, daß die einen Interessenkonflikt lösende Norm N_1 allgemeine Zustimmung nach einem Diskurs findet, von dem nicht zustimmungsbereite Opponenten ausgeschlossen wurden und in dem eine Gruppe dominierte, emotionale Rhetorik das Feld beherrschte, falsche Tatsache bis zum Schluß als wahr behandelt wurden und die Gewinner ausschließlich ihre eigenen Interessen wahrnahmen und von denen der anderen nichts hören wollten."[391]

Das Problem dieser Situation ist aber einfach, dass eine Gruppe die Approximation eines faktischen Konsenses ihrer zugehörigen Gemeinschaft überhaupt aufgibt und entscheidet, das Risiko von Konflikt oder sogar Bürgerkrieg zu tragen,

389 Vgl. zu anderer Kritik Weinberger, Alternative Handlungstheorie, S. 81; Sieckmann, Recht als normatives System, S. 216, Fn. 303.

390 Diese Konkretisierung ist für die Erkenntnismöglichkeit des Diskursprinzips schwerwiegend. Ohne solche konkrete Bedingungen können wir uns, wenn ein kultureller Egozentrismus zu vermeiden ist, nur nach einem vagen Menschen- und Weltbild einige triviale Normen, wie z. B. das Verbot der willkürlichen Tötung, vorstellen.

391 Alexy, Hauptelemente einer Theorie der Doppelnatur des Rechts, S. 157.

was nicht durch den Mangel an der Orientierung des idealen Diskurses zu erklären ist und vielleicht durch kaum eine moralische oder politische Idee gerettet werden kann. Die auf faktische Konsense zielenden realen Diskurse sind im Vergleich zu ihrem Gegenteil begrifflich den idealen Diskursen näher, es ist aber ein Fehlschluss, daraus zu folgern, dass die auf faktische Konsense zielenden realen Diskurse die idealen Diskurse voraussetzen oder anstreben.

Dann würde man fragen, was sonst kann die Diskursethik leisten? Die Idee der Diskursethik kann als eine Denkmethode verstanden werden. Die Nützlichkeit dieser Denkmethode wird nicht völlig entzogen, wenn ihre sprachanalytische philosophische Grundlage und ihre auf Unendlichkeit orientierende Idealisierung entfernt werden. Der Leitfaden dieser Denkmethode ist immer noch das – realistisch interpretierte – Diskursprinzip, das uns dabei helfen kann, sich auszudenken, welche Normen für eine langfristig gesehen stabile soziale Ordnung die besseren Lösungen sind. Die Leistungsfähigkeit und die Genauigkeit dieser Denkmethode kann durch die Ergänzung einiger formalen Regeln verstärkt werden, was schon durch die aus 28 Diskursregeln bestehende Alexysche prozedurale Theorie der Richtigkeit der Normen vorgeführt wurde.[392]

Warum brauchen wir eine solche Denkmethode, wenn die demokratischen Institutionen zur Verfügung stehen? Die Antwort ist, dass auch der reale Diskurs für eine gemeinsame Normbildung in einer großen, komplizierten Gesellschaft nur limitiert realisiert werden kann. Viele Normen werden *de facto* nur von einer Handvoll Menschen – obwohl mit dem Anspruch auf eine demokratische Legitimität in demokratischen Rechtsstaaten – gegenüber allen Angehörigen einer Gemeinschaft gesetzt. Diese Tatsache ist bei dem Spielraum der richterlichen Entscheidungen und dem der Verwaltungsakte besonders evident. Wenn dabei diese Denkmethode eine Rolle spielt, können wir am äußersten Rand der demokratischen Institutionen immer noch die Optimierung des Vorteils der Demokratie statt Willkürlichkeit erwarten. Dies ist der Anhaltspunkt, dass die Idee der Diskursethik im Sinne einer prozeduralen Theorie der Richtigkeit der Normen zu den juristischen Diskussionen beitragen kann.

Das Ergebnis dieser Arbeit kann in einer These zusammengefasst werden: Die Begründbarkeit der Diskursethik liegt nicht in den konstitutiven Regeln einiger illokutionären Akte, sondern in den technischen Regeln einer pragmatischen demokratischen politischen Idee.

---

392 Alexy, Theorie der juristischen Argumentation, S. 233 ff. Bei der neuen Interpretation gehen die Vernunftregeln nicht mehr dem Diskursprinzip voraus, sondern umgekehrt.

Literaturverzeichnis

Alchourrón, Carlos E./Bulygin, Eugenio, The Expressive Conception of Norms, in: Hilpinen, R. (Hg.), New Studies in Deontic Logic, Dordrecht 1981, S. 95–124

—, Pragmatic Foundation for a Logic of Norms, in: Rechtstheorie 15 (1984), S. 453–464

Alexy, Robert, Nachwort. Antwort auf einige Kritiker, in: Alexy, Robert, Theorie der juristischen Argumenattion, 2. Aufl. Frankfurt a. M. 1991, S. 399–435

—, Begriff und Geltung des Rechts, 2. Aufl. Freiburg/Müchen 1994

—, Die Idee einer prozeduralen Theorie der juristischen Argumentation, in: Alexy, Robert, Recht, Vernunft und Diskurs, Frankfurt a. M. 1995, S. 94–108

—, Probleme der Diskurstheorie, in: Alexy, Robert, Recht, Vernunft und Diskurs, Frankfurt a. M. 1995, S. 109–126

—, Diskurstheorie und Menschenrechte, in: Alexy, Robert, Recht, Vernunft und Diskurs, Frankfurt a. M. 1995, S. 127–164

—, My Philosophy of Law: The Institutionalisation of Reason, in: Wintgens, L. J. (Hg.), The Law in Philosophical Perspectives, Dordrecht 1999, S. 23–45

—, Theorie der Grundrechte, 3. Aufl. Frankfurt a. M. 2001

—, Hans Kelsens Begriff des relativen Apriori, in: Alexy, R./Meyer, L. H. / Paulson, S. L./ Sprenger, G. (Hg.), Neukantianismus und Rechtsphilosophie, Baden-Baden 2002, S. 179–202

—, Menschenrechte ohne Metaphysik? in: Deutsche Zeitschrift für Philosophie 52-1 (2004), S. 15–24

—, Thirteen Replies, in: Pavlakos, G. (Hg.), Law, Rights and Discourse, Oxford 2007, S. 333–366

—, Hauptelemente einer Theorie der Doppelnatur des Rechts, in: ARSP 95-2 (2009), S. 151–166

—, Theorie der Juristischen Argumentation, 7. Aufl. Frankfurt a. M. 2012.

—, Law, Morality, and the Existence of Human Rights, in: Ratio Juris 25-1 (2012), S. 2–14

Alexy, Robert/Peczenik, Aleksander, The Concept of Coherence and Its Significance for Discursive Rationality, in: Ratio Juris 3-1 (1990), S. 130–147

Apel, Karl-Otto, Is Intentionality more Basic than Linguistic Meaning?, in: Lepore, E./Van Gulick, R. (Hg.), John Searle and His Critics, Cambridge 1991, S. 31–55

—, Das Problem der philosophischen Letztbegründung im Lichte einer transzendentalen Sprachpragmatik, in: Apel, Karl-Otto, Auseinandersetzungen in Erprobung des transzendental-pragmatischen Ansatzes, Frankfurt a. M. 1998, S. 33–79

—, Fallibilismus, Konsenstheorie der Wahrheit und Letztbegründung, in: Apel, Karl-Otto, Auseinandersetzungen in Erprobung des transzendental-pragmatischen Ansatzes, Frankfurt a. M. 1998, S. 81–193

—, Sprechakttheorie und transzendentale Sprachpragmatik zur Frage ethischer Normen, in: Apel, Karl-Otto, Auseinandersetzungen in Erprobung des transzendental-pragmatischen Ansatzes, Frankfurt a. M. 1998, S. 281–411

—, Das Apriori der Kommunikationsgemeinschaft und die Grundlage der Ethik, in: Apel, Karl-Otto, Transformation der Philosophie. Band 2: Das Apriori der Kommunikationsgemeinschaft, 6. Aufl. Frankfurt a. M. 1999, S. 358–435

—, Speculative-Hermeneutic Remarks on Hintikka's Performatory Interpretation of Descartes's *Cogito, Ergo Sum*, in: Auxier, R. E./Hahn, L. E. (Hg.), The philosophy of Jaakko Hintikka, Chicago 2006, S. 357–367

—, Das cartesianische Paradigma der Ersten Philosophie: Eine kritische Würdigung aus der Perspektive eines anderen (des nächsten?) Paradigmas, in: Apel, Karl-Otto, Paradigmen der Ersten Philosophie, Frankfurt a. M. 2011, S. 193–214

—, Die Logos-Auszeichnung der menschlichen Sprache. Die philosophische Tragweite der Sprechakttheorie, in: Apel, Karl-Otto, Paradigmen der Ersten Philosophie, Frankfurt a. M. 2011, S. 92–137

Apel, Karl-Otto/Niquet, Marcel, Diskursethik und Diskursanthropologie: Aachener Vorlesungen, Freiburg 2002

Austin, John L., How to Do Things with Words, Cambridge 1975 (posthum herausgegeben von J. O. Urmson und Marina Sbisà)

—, Truth, in: Austin, John. L., Philosophical Papers, Oxford 1979 (postum herausgegeben von J. O. Urmson und G. J. Warnock), S. 117–133

Avramides, Anita, Intention and Convention, in: Hale, B./Wright, C. (Hg.), A Companion to the Philosophy of Language, Oxford 1998, S. 60–86

Bäcker, Carsten, Begründung und Entscheidung. Kritik und Rekonstruktion der Alexyschen Diskurstheorie des Rechts, Baden-Baden 2008

Brandom, Robert B., Articulating Reasons. An Introduction to Inferentialism, Cambridge 2001

Braun, Carl, Diskurstheoretische Normenbegründung in der Rechtswissenschaft, in: Rechtstheorie 19 (1988), S. 238–261

Bulygin, Eugenio, Norms and Logic. Kelsen and Weinberger on the Ontology of Norms, in: Law and Philosophy 4 (1985), S. 145–163

Davidson, Donald, Truth and Meaning, in: Davidson, Donald, The Essential Davidson, Oxford 2006, S. 155–170

Dummett, Michael, Frege. Philosophy of Language, 2. Aufl Cambridge 1981

—, Language and Communication, in: The Sees of Language, Oxford 1996, S. 166–185

Engländer, Armin, Diskurs als Rechtsquelle? Zur Kritik der Diskurstheorie des Rechts, Tübingen 2002

Frege, Gottlob, Begriffsschrift, in: Angelelli, I. (Hg.), Begriffsschrift und andere Aufsätze, 2. Aufl. Hildesheim 1964

—, Der Gedanke, in: Patzig, G. (Hg.), Logische Untersuchungen, 5. Aufl. Göttingen 2003, S. 35–62

—, Die Verneinung - eine logische Untersuchung, in: Patzig, G. (Hg.), Logische Untersuchungen, 5. Aufl. Göttingen 2003, S. 63–83

—, Über Sinn und Bedeutung, in: Patzig, G. (Hg.), Funktion, Begriff, Bedeutung. Fünf logische Studien, Göttingen 2008, S. 23–46

—, Grundlagen der Arithmetik. Eine logisch mathematische Untersuchung über den Begriff der Zahl, Stuttgart 2011 (herausgegeben von Joachim Schulte)

Gril, Peter, Die Möglichkeit praktischer Erkenntnis aus Sicht der Diskurstheorie, Berlin 1998

Grice, Herbert. P., Meaning, in: The Philosophical Review 64 (1957), S. 377–388

—, Utterer's Meaning, Sentence-Meaning and Word-Meaning, in: Searle, J. R. (Hg.), The Philosophy of Language, Oxford 1971, S. 54–70

Habermas, Jürgen, Einleitung zur Neuausgabe. Einige Schwierigkeiten beim Versuch, Theorie und Praxis zu vermitteln, in: Habermas, Jürgen, Theorie und Praxis, Frankfurt a. M. 1971, S. 9–47

—, Vorbereitende Bemerkungen zu einer Theorie der kommunikativen Kompetenz, in: Habermas, J./Lehmann, N. (Hg.), Theorie der Gesellschaft oder Sozialtechnologie - Was leistet die Systemfotschung?, Frankfurt a. M. 1972, S. 101–141

—, Diskursethik - Notizen zu einem Begründungsprogramm, in: Habermas, Jürgen, Moralbewußtsein und kommunikatives Handeln, Frankfurt a. M. 1983, S. 53–125

—, Wahrheitstheorien, in: Habermas, Jürgen, Vorstudien und Ergänzungen zur Theorie des kommunikativen Handelns, Frankfurt a.M. 1984, S. 127–183

—, Was heißt Universalpragmatik?, in: Habermas, Jürgen, Vorstudien und Ergänzungen zur Theorie des kommunikativen Handelns, Frankfurt a. M. 1984, S. 353–440

—, Treffen Hegels Einwände gegen Kant auch auf die Diskursehtik zu?, in: Habermas, Jürgen, Erläuterungen zur Diskursethik, Frankfurt a. M. 1991, S. 9–30

—, Comments on John Searle: "Meaning, Communication, ans Representation", in: Lepore, E./Van Gulick, R. (Hg.), John Searle and His Critics, Cambridge 1991, S. 17–29

—, Faktizität und Geltung. Beiträge zur Diskurstheorie des Rechts und des demokratischen Rechtsstaats, 4. Aufl. Frankfurt a. M. 1994

—, Theorie des kommunikativen Handelns. Band 1: Handlungsrationalität und gesellschaftliche Rationalisierung, Frankfurt a. M. 1995

—, Wahrheit und Rechtfertigung. Zu Richard Rortys pragmatischer Wende, in: Habermas, Jürgen, Wahrheit und Rechtfertigung: philosophische Aufsätze, Frankfurt a. M. 2004, S. 230–270

—, Richtigkeit versus Wahrheit. Zum Sinn der Sollgeltung moralischer Urteile und Normen, in: Habermas, Jürgen, Wahrheit und Rechtfertigung: philosophische Aufsätze, Frankfurt a. M. 2004, S. 299–346

Hain, Karl-Eberhard, Diskurstheorie und Menschenrechte. Eine kritische Bestandsaufnahme, in: Der Staat 40 (2001), S. 193–219.

Heidemann, Carsten, Die Norm als Tatsache, Baden-Baden 1997

—, Norms, Facts, and Judgments. A Reply to S. L. Paulson, in: Oxford Journal of Legal Studies 19 (1999), S. 345–350

—, Noch einmal: Stanley L. Paulson und Kelsens urteilstheoretischer Normbegriff, in: ARSP 93 (2007), S. 345–362

Hilgendorf, Eric, Zur Transzendentalpragmatischen Begründung von Diskursregeln, in: Rechtstheorie 26 (1995), S. 183–200.

Hintikka, Jaakko, Cogito, Ergo Sum: Inference or Performance?, in: The Philosophical Review 71-1, S. 3–32 (1962)

Kelsen, Hans, Reine Rechtslehre, 2. Aufl. Wien 1960

—, Allgemeine Theorie der Normen, Wien 1979 (posthum herausgegeben von Kurt Ringhofer und Robert Walter)

—, Reine Rechtslehre. Einleitung in die rechtwissenschaftliche Problematik, in: Jestaedt, M. (Hg.), Studienausgabe der 1. Aufl. 1934, Tübingen 2008

Kutschera, Franz von, Einfuhrung in die Logik der Normen, Werte und Entscheidungen, Freiburg 1973

Kutschera, Franz von/Breitkopf, Alfred, Einführung in die moderne Logik, 8. Aufl. Freiburg 2007

Keuth, Herbert, Fallibilismus versus transzendentalpragmatische Letztbegründung, in: Zeitschrift für allgemeine Wissenschaftstheorie 14 (1983), S. 320–337

Lorenzen, Paul, Normative Logic and Ethics, 2. Aufl. Mannheim 1984.

Paulson, Stanley L., Four Phases in Hans Kelsens Legal Theory? Reflections on a Periodization, in: Oxford Journal of Legal Studies 18 (1998), S. 153–166

—, Arriving at a Defensible Periodization of Hans Kelsen's Legal Theory, in: Oxford Journal of Legal Studies 19 (1999), S. 351–364

Patzig, Günther, Widerspruch, in: Krings. H./Baumgartner, H. M./Wild, C. (Hg.), Handbuch philosophischer Grundbegriffe. Band 6, München 1974, S. 1694–1702

Popper, Karl, Three Worlds, in: McMurrin, S. M. (Hg.), The Tanner Lectures on Human Values. Volume 1, Cambridge 2011, S. 141–167

Riedel, Manfred, Norm und Werturteil. Grundprobleme der Ethik, Stuttgart 1979

Quine, Willard van Orman, Two Dogmas of Empiricism, in: Quine, Willard van Orman, From a Logical Point of View. 9 Logico-philosophical Essays, New York 1963, S. 20–46

—, Methods of Logic, New York 1959

Schnelle, Helmut, Sprachphilosophie und Linguistik. Prinzipien der Sprachanalyse a priori und a posteriori, Hamburg 1973

Searle, John. R., Austin on Locutionary and Illocutionary Acts, in: The Philosophical Review, 77-4 (1968), S. 405–424

—, Speech Acts, Cambridge 1969

—, Expression and Meaning, Cambridge 1979

—, Prima Facie Obligations, in: Raz, J. (Hg.), Practical Reasoning, Oxford 1980, S. 80–90

—, Intentionality, Cambridge 1983

—, Meaning, Intentionality, and Speechacts, in: Lepore, E./Van Gulick, R. (Hg.), John Searle and His Critics, Cambridge 1991, S. 81–102

—, The Construction of Social Reality, New York 1995

Searle, John. R./Vanderveken, Daniel, Foundations of Illocutionary Logic, Cambridge 1985

Sieckmann, Jan-Reinhard, Regelmodelle und Prinzipienmodelle des Rechtssystems, Baden-Baden 1990

—, Semantischer Normbegriff und Normbegründung, in: ARSP 80-2 (1994), S. 227–245

—, Human rights and the claim to correctness in the theory of Robert Alexy, in: Pavlakos, G. (Hg.), Law, Rights and Discourse, Oxford 2007, S. 189–205

—, Recht als normatives System. Die Prinzipientheorie des Rechts. Baden-Baden 2009

Strawson, Peter. F., Introduction to Logical Theory, London 1960

—, Truth, in: Strawson, Peter. F, Logico-Linguistic Papers, London 1971, S. 190–213

Strombach, Werner, Die Gesetze unseres Denkens. Eine Einführung in die Logik, 2. Aufl. München 1971

Tarski, Alfred, Die semantische Konzeption der Wahrheit und die Grundlagen der Semantik, in: Skirbekk, G. (Hg.), Wahrheitstheorien. Eine Auswahl aus den Diskussionen über Wahrheit im 20. Jahrhundert, Frankfurt a. M. 1977, S. 140–188

Tugendhat, Ernst, The Meaning of 'Bedeutung' in Frege, in: Analysis 30-6 (1970), S. 177–189

—, Vorlesungen zur Einführung in die sprachanalytische Philosophie, Frankfurt a. M. 1976

—, Zur Entwicklung von moralischen Begründungstrukturen im modernen Recht, in: Hassemer, W./Kaufmann A./Neumann, U. (Hg.), Argumentation und Recht, ARSP-Beiheft 14, Wiesbaden 1980, S. 1–20

—, Sprache und Ethik, in: Tugendhat, Ernst, Philosophische Aufsätze, Frankfurt a. M. 1992, S. 275–314

—, Vorlesungen über Ethik, Frankfurt a. M. 1993

Tugendhat, Ernst/Wolf, Ursula, Logisch-semantische Propädeutik, Stuttgart 2007

Vossenkuhl, Wilhelm, Zur Pragmatik sprachlichen Handelns, in: Stachowiak, H. (Hg.), Pragmatik. Handbuch pragmatischen Denkens. Band. IV: Sprachphilosophie, Sprachpragmatik und formative Pragmatik, Hamburg 1993, S. 85–103.

Weinberger, Ota, Normentheorie als Grundlage der Jurisprudenz und Ethik. Eine Auseinandersetzung mit Hans Kelsens Theorie der Normen, Berlin 1981

—, The Expressive Conception of Norms, in: Law and Philosophy 4-2 (1985), S. 165–198

—, Der Streit um die praktische Vernunft, in: Alexy, R./Dreier, R. (Hg.), Rechtssystem und praktische Vernunft, ARSP-Beiheft 51, Stuttgart 1993, S. 30–46

—, Basic Puzzles of Discourse Philosophy, in: Ratio Juris 9-2 (1996), S. 172–181

—, Alternative Handlungstheorie: gleichzeitig eine Auseinandersetzung mit Georg Henrik von Wright, Wien 1996

Wittgenstein, Ludwig, Logisch-philosophische Abhandlung, Frankfurt a. M. 2003

—, Philosophische Untersuchungen, Frankfurt a. M. 2003

Wright, Georg Henrik von, Norm and Action. A Logical Enquiry, London 1977

—, On the Logic of Norms and Actions, in: Hilpinen, R. (Hg.), New Studies in Deontic Logic, Dordrecht 1981, S. 3–35

—, Gibt es eine Logik der Normen?, in: Wright, Georg Henrik von, Normen, Werte und Handlungen, Frankfurt a. M. 1994, S. 56–83

Zoglauer, Thomas, Normenkonflikte - zur Logik und Rationalität ethischen Argumentierens, Sttutgart 1998

—, Einführung in die formale Logik für Philosophen, 4. Aufl. Göttingen 2008

www.ingramcontent.com/pod-product-compliance
Ingram Content Group UK Ltd.
Pitfield, Milton Keynes, MK11 3LW, UK
UKHW021233031026
15588UKWH00001B/61

9 783631 664452